가짜 뉴스 팩트체크 하겠습니다

가짜 뉴스 팩트체크 하겠습니다

초판 1쇄 인쇄 2020년 9월 10일
초판 2쇄 발행 2021년 11월 2일

글 조아라
그림 달과
펴낸곳 M&K
펴낸이 구모니카
마케팅 신진섭
등록 제7-292호 2005년 1월 13일
주소 경기도 고양시 일산서구 고양대로 255번길 45, 903동 1503호(대화동, 대화마을)
전화 02-323-4610
팩스 0303-3130-4610
E-mail sjs4948@hanmail.net
Blog http://blog.daum.net/mnk

ISBN 979-11-87153-82-5 74810
      979-11-87153-00-9 (세트)

이 도서의 국립중앙도서관 출판예정도서목록(CIP)은 서지정보유통지원시스템 홈페이지
(http://seoji.nl.go.kr)와 국가자료종합목록 구축시스템(http://kolis-net.nl.go.kr)에서
이용하실 수 있습니다. (CIP제어번호 : CIP2020038502)

※ 값은 뒤표지에 있습니다. 잘못된 책은 바꾸어 드립니다.

가짜 뉴스 팩트체크 하겠습니다

조아라 글 달과 그림

엠앤키즈

작가의 말

 요즈음 뉴스에서 심심치 않게 등장하는 '팩트체크'라는 말이 있지요. 팩트체크란 사실인지 아닌지를 정확히 확인해 보자는 말이랍니다. 뉴스란 사실 그대로를 전하는 것이라 알고 있었는데 뉴스에서조차 사실 확인이 필요하다니 이상한 일이지요? 그만큼 현재 언론에서는 불확실하고 검증되지 않은 이야기를 마치 사실인 것처럼 보도하는 사례가 늘고 있어요. 예전에만 해도 무슨 얘기를 하다가 '뉴스에 그렇게 나왔어.'라고 하면 더 이상 반박하기 어려웠지요. 뉴스란 사실 그대로를 의미했으니까요. 하지만 이제 우리는 진짜 뉴스와 가짜 뉴스를 구분해야 할 만큼 거짓이 판치는 세상을 살게 되었답니다.

사실 가짜 뉴스는 지금의 문제만이 아니에요. 이솝 우화인 '양치기 소년'에서도 가짜 뉴스가 얼마나 위험한 결과를 가져오는지 보여주잖아요. 그렇다면 왜 이렇게 가짜 뉴스가 많아진 걸까요? 물론 진실보다는 자신의 이익을 추구하는 사람들이 많아졌기 때문이겠죠. 하지만 더 큰 문제는 그것을 무분별하게 받아들이는 사람들이 많아진 것이랍니다. 언젠가부터 사람들은 뉴스에서 진실을 알고 싶어 하기보다는 거짓이라 하더라도 자신이 믿고 싶고, 듣고 싶은 것들만 보기 시작했으니까요.

지금부터 시작할 이야기도 이 가짜 뉴스에 관한 이야기에요. 별생각 없이 받아들이던 사소한 가짜 뉴스가 어떤 나비 효과를 가져오는지 궁금하지 않나요? 그렇다면 얼른 다음 책장을 넘겨 보세요.

목차

1. 배턴 터치 ★ 12
2. 나의 원너비 ★ 22
3. 자리 바꾸기 ★ 31
4. 비밀을 훔친 소년 ★ 39
5. 특종을 잡아라 ★ 47
6. 크레센도, 점점 세게 ★ 57
7. 피리 부는 사나이 ★ 68
8. 나 이런 사람이야 ★ 79

9. 오늘의 사건 사고 ★ 90

10. 거짓말이 쏘아 올린 공 ★ 98

11. 우상의 추락 ★ 111

12. 옥상 위의 초승달 ★ 122

13. J기자의 고백 ★ 132

14. 책임감의 무게 ★ 141

1. 배턴 터치

"여기는 5학년 3반 교실입니다. 지금 이곳에서는 장래 희망 발표하기가 한창인데요. 기자가 되고 싶은 어린이가 있어 화제가 되고 있습니다. 커서 빠르고 정확한 뉴스를 전달하고 싶다는 이 어린이는 어느 한쪽으로도 치우지지 않은 공명정대한 기자가 되고 싶다는 포부를 밝혔습니다. 이 세상에서 알려지지 않은, 그러나 꼭 알아야만 하는 뉴스를 전하는 것이 꿈이라고 합니다. 네, 이상으로 그림초등학교 기자, 최지원이었습니다."

3교시 국어 시간은 장래 희망을 발표하는 수업이었다.

교탁 앞에 나와서 마치 진짜 기자라도 된 것처럼 발표하는 지원이를 보며 아이들은 모두 박수갈채를 보냈다. 딱 한 사람, 태준이만 빼고 말이다.
 "와, 지원이 정말 멋지다. 이미 기자가 된 것 같은 걸. 그럼, 다음 이태준."
 담임 선생님의 부름에 태준이는 비실비실 앞으로 나갔다. 교실 앞에 서자 태준이의 어깨는 더더욱 움츠러들었다. 아까부터 마렵던 오줌이 금방이라도 나올 것 같았다.
 "저… 저는….”
 "태준아, 안 들려. 조금만 큰 소리로 발표해 줄래?"
 선생님의 요청에 태준이는 헛기침을 하고 앞을 바라보았다. 지원이의 발표 때와는 달리 아이들은 딴 짓을 하고 있었다.
 "제 꿈은 기자입니다."
 태준이가 간신히 입을 열자 앞에 앉아 있던 지석이가 대번에 중얼거렸다.
 "뭐야, 최지원 따라하는 거야?"
 지석이의 말에 태준이의 얼굴이 새빨개졌다.

"저… 저는 기자가 되어 진실하고 올바른 뉴스를 전달하는 것이 꿈입니다."

기어들어 가는 목소리로 태준이가 말을 하자 아이들은 피식 웃었다.

"저런 목소리로 무슨 기자람."

"무슨 장래 희망까지 표절이냐. 웃긴다."

아이들의 수군거림에 선생님이 나섰다.

"조용. 꿈은 얼마든지 겹칠 수 있는 거야. 태준아, 더 발표할 말 없니?"

선생님의 질문에 태준이는 고개를 저었다.

"지원이도 태준이도 멋진 기자가 되어 세상에 꼭 필요한 사람이 되길 바란다. 오늘 발표한 내용들 공책에 정리해서 내일까지 제출하도록. 이상."

태준이를 구원하듯 쉬는 시간을 알리는 종이 울렸다. 그제야 태준이는 한숨을 길게 내쉬었다. 아이들 말대로 발표 하나도 제대로 못하는데 어떻게 기자가 될 수 있을까 자신이 한심하게 느껴졌다. 발표 전까지 마렵던 오줌도 쑥 들어가 버린 느낌이다. 하지만 혹시 모르니 화장실은 다녀와야겠지.

화장실에 다녀온 태준이는 책상 위에 놓인 하얀 쪽지를 발견했다.

'이태준! 학교 끝나고 운동장 철봉 앞에서 잠깐 만나. 기다릴게.'

누굴까? 주위를 둘러보았지만 태준이를 지켜보는 사람은 아무도 없었다. 도대체 누가 나에게 이런 쪽지를 보냈을까. 고개를 갸우뚱하던 태준이는 창가 쪽에 앉은 율아를 보았다. 뒤에 앉은 주은이, 소진이와 웃고 있는 율아와 눈이 마주쳤다. 깜짝 놀란 태준이가 얼른 고개를 돌렸다. 혹시 율아가? 아냐, 그럴 리가 없어. 율아는 나한테 관심도 없는 걸. 태준이는 쪽지를 주머니에 넣으며 다시 주위를 살폈다.

수업이 끝나자마자 태준이는 1등으로 교실을 빠져나왔다. 도대체 누가 쪽지를 보낸 걸까 궁금해서 견딜 수가 없었기 때문이다.

 철봉 앞에 서서 발끝으로 흙을 파던 태준이의 눈에 흰 운동화가 들어왔다.

 "어? 최지원?"

 태준이 앞에 서서 씨익 웃는 사람은 다름 아닌 지원이었다.

 "많이 기다렸어?"

 "설마 쪽지 보낸 사람이 너야?"

 태준이가 묻자 지원이는 장난스럽게 웃으며 말했다.

 "응. 혹시 여자애가 고백이라도 하려는 줄 알고 기대한 건 아니지?"

 "아, 아냐!"

 대번에 얼굴이 붉어진 태준이가 손사래를 쳤다. 순간적으로 율아의 얼굴이 떠오른 건 비밀이었다.

 "너한테 할 말이 있어서 보자고 했어"

 "나한테? 네가?"

 의아한 표정으로 태준이가 지원이를 보았다. 그도 그럴 것이 지원이와 태준이는 평소에 전혀 친한 사이가 아니었다. 사실 태준이랑 친한 아이는 5학년 3반에 한 명도 없었다.

"너 혹시 'J기자의 뉴스 블로그' 봐?"

"응."

'J기자의 뉴스블로그'는 그림초등학교 5학년 3반의 비공식 학급 뉴스다. J기자가 누군지는 아무도 모르지만 5학년 3반에서 일어나는 소소한 뉴스를 다루고 있다.

"사실 그 J기자가 나야."

"뭐? 최지원 너라고?"

태준이의 두 눈이 휘둥그레졌다.

"그래. 지원의 J. 나라니까."

지원이는 피식 웃으며 말을 이었다.

"아, 내가 J기자라는 건 아무한테도 말하면 안 되는 일급 비밀이다. 그런데 내가 왜 이 비밀을 너한테만 공개하냐면 말이야. 사실은 내가 내일모레 전학을 가."

"전학?"

이건 또 뭔 소리인가? 지원이의 입에서 핵폭탄같은 놀라운 이야기가 연달아 튀어나왔다.

"응. 나 강원도 시골로 전학가게 되었거든. 그래서 앞으로 J기자의 뉴스 블로그를 운영하기 어렵게 됐어. 그래서 말인데 내 뉴스 블로그를 네가 좀 맡아주는 게 어때?"

"뭐? 내… 내가?"

태준이의 눈은 커지다 못해 앞으로 쏟아질 것 같았다.

"너도 기자가 꿈이라며. 내 뉴스 블로그도 구독 중이라고 하니 특별히 가르쳐줄 것도 없겠어. 블로그에 글이랑 사진 올리는 건 아주 간단해. 네가 잘 모르겠다면 내가 알려줄 수도 있어. 게다가 다행히 네 이름에도 J가 들어가잖아."

지원이가 싱긋 웃으며 태준이의 어깨를 두드렸다. 뉴스 블로그에 대해 지원이가 이런저런 이야기를 계속했지만 태준이의 귀에는 아무것도 들리지 않았다. 지원이가 J기자였다니. 사실 태준이는 J기자의 뉴스 블로그의 애독자였다. 자신의 꿈 역시 기자이기에 우리 반에서 일어나는 이야기들을 뉴스 형식으로 다룬 블로그의 주인 J기자를 내심 동경하기까지 했다. 늘 J기자가 누구일까 궁금했는데 바로 지원이었다니.

태준이는 옆눈으로 힐끔 지원이를 보았다. 태준이네 반에서 가장 인기 있는 남학생인 지원이는 똑똑하고 야무지니까 J기자라고 해도 이상할 게 없었다. 거기다 글짓기도 뛰어나 벌써 교내 글짓기 상도 몇 번이나 받았으니 말이다. 기자가 된 지원이를 상상해 보면 퍽 잘 어울리기도 했다. 그런 지원이가 왜 하필 날 선택한 걸까? 내가 정말 기자가 될 수 있을까?
태준이는 기쁘고 설레면서도 두려운 마음이 앞섰다.

2. 나의 워너비

 집에 돌아오자마자 태준이는 컴퓨터를 켜고 J기자의 뉴스 블로그에 들어가 보았다. 이제 이 블로그가 내 것이라니. 태준이의 가슴이 마구 쿵쾅거렸다. 가장 마지막으로 작성된 뉴스는 '우리 반에서 가장 인기 있는 텔레비전 프로그램'이라는 제목의 기사였다.
 일요일 아침에 하는 '동물박사'라는 프로그램을 소개하며 우리 반 아이들이 좋아하는 이유가 나와 있었다. 거기다 열두 살 아이들이 원하는 텔레비전 프로그램 내용까지 뉴스는 알차고 재미있었다.

하트 표시가 서른 한 개, 댓글도 스무 개가 넘었다. 이렇게 대단한 뉴스를 내가 과연 잘 이어받을 수 있을까? 태준이는 '작성하기' 버튼을 눌렀지만 한 글자도 치지 못했다.

삐삐삐삐.

저녁 9시가 되자 아빠가 들어왔다. 회사원인 태준이 아빠는 늘 9시에 퇴근했다.

"아빠 오셨어요?"

태준이가 인사하자 아빠는 피곤한 표정으로 손바닥을 들었다.

"저녁은?"

"먹었어요."

아빠는 태준이의 머리를 한번 쓰다듬고는 곧장 욕실로 들어갔다. 그때 또다시 삐삐삐삐 현관 비밀번호를 누르는 소리가 들렸다.

"삼촌?"

현관문이 열리고 들어온 사람은 삼촌이었다.

"웬일이야? 이렇게 일찍?"

방송국 기자인 삼촌은 태준이가 잠들기 전에 들어온 적이 거의 없다. 늘 태준이와 함께 집에서 밥 먹고 공부하며 지내던 삼촌은 작년에 신문사 기자가 된 후부터 눈코 뜰 새 없이 바빠졌다.

"어휴, 배고파."

삼촌은 허겁지겁 밥솥에서 밥을 펐다.

"반찬 뭐 없니?"

삼촌이 묻자 태준이는 말없이 가스레인지에 불을 켰다. 곧이어 구수한 된장찌개 냄새가 났다.

"상가 2층 반찬 가게에서 샀어? 길 건너 반찬 가게가 더 맛있다니까."

국물을 떠먹으며 삼촌이 투덜거렸다.

"오늘 세일하기에 샀어."

태준이 말을 듣는 둥 마는 둥 삼촌은 먹느라 정신이 없었다.

"야, 나도 좀 먹자."

어느새 아빠까지 밥그릇을 들고 앉았다. 그렇게 태준이네 세 남자가 식탁에 모였다. 근래 보기 드문 일이었다.

"넌 어쩐 일로 이렇게 일찍 퇴근했냐? 잘렸냐?"

아빠가 삼촌에게 장난스레 묻자 삼촌의 얼굴이 어두워졌다.

"아뇨, 아직."

"뭐야, 삼촌. 삼촌이 왜 잘려? 아직 기자된 지 1년도 안 됐는데. 아빠는 왜 그런 말씀을 하고 그러세요?"

태준이가 아빠에게 눈을 흘기며 말했다.

"농담이지. 왜, 무슨 일 있어?"

"취재해서 기사 제출하는 족족 다시 하래서요. 기자로서 자질이 없는 것 같아 괴롭네요."

삼촌은 한숨을 푹 쉬었다.

"무슨 소리야, 삼촌! 삼촌은 최고 기자야. 나랑 약속한 거 안 잊었지?"

태준이는 삼촌을 향해 엄지를 치켜세우며 말했다.

"그래, 고맙다."

힘없이 웃어 보이는 삼촌이 어쩐지 슬퍼 보였다.

"녀석. 그래도 우리 태준이밖에 없다. 자, 우리 세 남자, 파이팅이다!"

아빠는 물컵을 들어 올리며 소리쳤다. 태준이가 덩달아 물컵을 들자 삼촌 역시 못 이기는 척 컵을 들었다.
삼촌은 태준이에게 있어 엄마이자 형이자 친구였고 영

웅이었다. 엄마가 일찍 돌아가신 태준이는 아빠랑 삼촌과 셋이 산다. 회사일로 바쁜 아빠 대신 자신보다 열네 살 많은 삼촌과 지내는 시간이 더 많았다.

학교에 딱히 친구라 할 만한 사람이 없어도 태준이가 외롭지 않았던 것은 삼촌이 태준이의 가장 친한 친구였기 때문이다. 태준이는 삼촌에게만큼은 비밀이 없었다. 그런 삼촌이 작년에 신문사 기자가 된 후로는 너무나 바빠졌기에 태준이의 외로움도 커졌다. 학교가 끝나고 빈집에 혼자 들어와 반찬 가게에서 산 반찬에 밥을 먹어야 했다.

그래도 버틸 만했던 건 삼촌이 기자가 되었기 때문이다. 기자는 삼촌의 꿈이자 태준이의 꿈이니까. 태준이는 그 꿈을 먼저 이룬 삼촌이 한없이 자랑스러웠다.

그런데 꿈이라는 건 그 직업을 갖게 되었다고 해서 다 끝난 건 아닌가보다. 기자가 된 삼촌은 같은 집에 살면서도 얼굴 한번 보기 어려울 정도로 바빠졌다.

기자만 되면 인터넷 뉴스에서 삼촌의 기사를 볼 수 있을 거라 기대했건만 삼촌의 기사는 아직 한 번도 인터넷 뉴스에 나온 적이 없다. 하지만 조만간 삼촌이 엄청난 특종을 터뜨릴 거라 태준이는 기대하고 있다.

"뭐해? 열시가 넘었는데 안 자고?"

삼촌이 태준이 방 침대에 벌러덩 누우며 물었다. 컴퓨터 앞에 앉아 고민하고 있는 태준이는 머리를 긁적였다.

"삼촌, 사실은 말이야."

태준이는 삼촌에게 오늘 있었던 일에 대해 이야기했다.

"그러니까 네가 학급 뉴스 블로그를 운영하게 되었다고? 한번 잘 해봐."

예전의 삼촌이라면 태준이의 손을 잡고 호들갑을 떨었을 텐데 삼촌은 침대에 누워 건성으로 응원을 했다.

"삼촌, 기사를 잘 쓰려면 어떻게 해야 해?"

태준이가 묻자 삼촌은 한숨을 깊게 내쉬었다.

"그러게. 나도 진짜 궁금하다. 그걸 알면 내가 이렇게 무시당하고 살지는 않았을 텐데."

"무시? 누가 삼촌을 무시해?"

"아냐. 태준아, 삼촌 먼저 잘게. 너도 얼른 자."

삼촌은 태준이의 어깨를 한번 두드리고는 방을 나갔다. 그런 삼촌의 어깨가 유달리 처져 보였다. 그토록 꿈꾸던 기자가 되었는데 기자가 된 후부터 삼촌은 시들시들해져 가고 있었다. 역시 일이라는 건 어려운 건가보다. 아빠도 삼촌도 직장에만 갔다 오면 여름날 퍼드러진 시금치같이 시들거리니 말이다.
 태준이는 밤늦도록 어떤 기사를 쓸까 고민하다가 책상에서 잠이 들고 말았다.

3. 자리 바꾸기

두근두근.

태준이의 가슴이 마구 요동쳤다. 똑바로 앞을 보고 앉았지만 자꾸만 눈이 옆으로 향했다. 이러다 눈이 아침에 먹은 가자미처럼 되어 버리면 어쩌나 엉뚱한 걱정까지 들었다. 조금 전 짝꿍 바꾸기에서 태준이 짝이 율아로 바뀌었기 때문이다.

안 보는 척 앞을 보지만 자꾸 태준이의 눈은 율아에게로 향했다. 길고 검은 속눈썹에 오똑한 콧날, 새하얀 피부까지 율아의 얼굴을 이렇게 가까이에서 보게 되다니.

"으앗."

율아와 눈이 마주치자 태준이는 자기도 모르는 사이에 비명 소리가 터져 나왔다.

"뭐니?"

태준이를 이상하다는 듯 쳐다보며 율아가 물었다.

"아, 아냐. 아무것도."

율아가 다시 앞을 바라보자 그제야 휴 하고 한숨이 나왔다.

"어제 올라온 J기자 블로그 봤어?"

쉬는 시간, 뒷자리에 앉은 시우가 짝꿍인 리은이에게 묻자 태준이의 귀가 쫑긋해졌다.

"응. 그런데 뭔가 좀 이상해지지 않았니?"

"맞아. 요새 J기자 뉴스, 영 지루한 것 같아."

"나도 그렇게 생각해. 갑자기 다른 사람이 쓰는 것 같다니까. 시시해."

리은이의 말에 유영이까지 고개를 끄덕이며 맞장구쳤다. 그 소리를 들은 태준이의 귀가 새빨개졌다. 애써 모른 척

딴 짓을 했지만 태준이의 얼굴은 벌겋게 달아오르고 있었다. 아무도 태준이가 J기자가 된 것을 모르니 어찌 보면 상관없는 일이었다.

학교에서 태준이를 알아주고 좋아해 주는 사람은 딱히 없었지만 그건 그래도 버틸 만했다. 하지만 그토록 꿈꾸던 기자가 되어 작성한 자신의 기사가 자기처럼 재미없고 시시하다고 무시당하니 참을 수 없을 만큼 괴로웠다.

사실 태준이의 기사를 그렇게 평가한 사람은 시우와 리은이, 유영이뿐만이 아니었다. 지원이가 기자였던 시절보다 댓글은 반도 달리지 않고 그나마 달리는 댓글도 시시하다는 내용이었으니 말이다. 어떻게 해야 다시 인기 있는 뉴스 블로그를 만들 수 있을까.

이런저런 생각을 하던 태준이는 학교 수업이 다 끝나고도 가장 늦게 자리에서 일어났다.

"어?"

책가방을 메고 일어서던 태준이의 눈에 휴대폰이 들어왔다. 책상 밑에 떨어진 스마트폰은 짝꿍 율아의 것이었다.

'놓고 갔나보네.'

스마트폰을 주워든 태준이는 얼른 교실 창문 너머를 들여다보았다. 운동장 가운데를 질러가는 율아의 뒷모습이 보였다.

"장율아!"

큰 소리로 율아의 이름을 불러 보았지만 율아는 멈추지 않았다. 태준이는 스마트폰을 손에 꼭 쥔 채 교실을 달려 나갔다.

"율아야!"

숨을 헐떡이며 운동장으로 나왔지만 이미 율아는 사라지고 없었다. 율아가 없다는 것을 확인한 태준이는 달리기를 멈추고 손에 쥔 스마트폰을 바라보았다. 율아처럼 귀여운 핑크토끼 스티커가 붙어 있었다.

'다시 제자리에 갖다 놔야겠다.'

태준이는 발걸음을 돌려 교실로 향했다. 교실에 들어서자마자 띠링 하고 율아의 스마트폰에서 알림음이 울렸다. 뭐지? 하고 스마트폰으로 눈길이 가는데 메시지창이 저절로 떠졌다.

주은

율아야, 나 좀 살려 줘.

살려 달라는 메시지에 태준이는 자기도 모르는 사이에 메시지를 눌러보았다. 그러자 주은이와 율아가 주고받은 메시지가 시간순서대로 주욱 떴다.

주은
> 세린이 그림에 얼룩지게 만든 거 사실은 내가 그랬어. 물 떠오다 실수로 엎질렀거든.

율아
> 어머, 어떡해. 세린이한테 솔직하게 얘기하는 게 낫지 않을까?

주은
> 누가 일부러 자기 그림을 망쳤다고 생각하던데 거기다 대고 차마 내가 그랬다고 말 못하겠어.

율아
> 실수였다고 하면 용서해 줄 거야. 세린이랑 너랑 친하잖아.

주은
> 얘기해야 하는데 자신이 없어. 내가 그랬단 말 비밀이야. 아무한테도 말하지 마.

한참 메시지를 보고 있는데 드르륵 하고 교실 문이 열렸다. 율아였다.

"어, 율아야. 이거."

태준이는 깜짝 놀라 얼른 스마트폰을 끄고 율아에게 내밀었다.

"내 스마트폰을 왜 네가 가지고 있어?"

율아가 이상하다는 듯 태준이를 바라보았다.

"자리 밑에 떨어져 있기에 너한테 갖다 주려고 운동장까지 뛰어갔는데 안 보여서 다시 가져다 놓으려던 참이었어."

"그래? 고마워."

율아는 떨떠름한 표정으로 태준이가 내민 스마트폰을 받아들었다. 짝꿍이 되고 처음으로 율아와 말을 나눈 태준이의 가슴은 다시 쿵쾅거리기 시작했다.

"넌 집에 안 가?"

"어, 가야지."

"그럼 나가자."

태준이는 어색하게 율아 뒤를 따라 나갔다. 아이들이 제법 빠져나간 운동장은 한산했다. 율아와 태준이는 어정쩡

한 거리를 유지하며 나란히 걸었다.

"너 설마 내 휴대폰 본 건 아니지?"

율아가 묻자 태준이는 펄쩍 뛰며 두 손을 휘저었다.

"아, 아냐! 절대 아냐!"

깜짝 놀라는 태준이를 보고 율아가 빤히 쳐다보았다.

"아니면 아닌 거지 뭘 그렇게 놀라. 그냥 물어본 거야."

"어? 어."

율아와 눈이 마주치자 태준이는 얼른 고개를 숙였다.

"그럼 내일 보자."

어느새 교문까지 오자 율아는 이렇게 인사하고 가버렸다. 태준이는 율아의 뒷모습이 사라질 때까지 한참을 바라보고 있었다. 율아의 휴대폰 메시지를 몰래 보고나니 마치 율아의 비밀을 몰래 훔쳐본 기분이었다. 제대로 대화조차 해본 적도 없는데 뭔가 비밀을 나눈 사이처럼 가까워진 느낌이었다.

4. 비밀을 훔친 소년

 학교에서 돌아온 후부터 태준이는 줄곧 컴퓨터 앞에 앉아 있었다. 다음 기사를 어떻게 써야할지 머리를 쥐어짜봤지만 좋은 생각은 떠오르지 않았다.

'이게 무슨 뉴스거리냐, 시시하다.'
'J기자가 갑자기 어떻게 된 건지 요즘 영 신통치 않네.'
'재미없어.'

 태준이가 저번에 쓴 기사에 달린 댓글들은 모두 혹평뿐

이었다. 그나마 달린 댓글 수조차 얼마 되지 않았다. 구독자 수가 지원이 때보다 반 이상 줄어버렸기 때문이다.

"이태준! 뭐하고 있어?"

삼촌의 목소리에 깜짝 놀란 태준이는 뒤를 돌아보았다. 이 시간에 들어올 리가 없는 삼촌이 어느새 방에 들어와 있지 않은가.

"삼촌이 이 시간에 웬일이야?"

"일이 일찍 끝났어. 밥 먹었냐?"

오랜만에 삼촌이 끓인 떡라면이 식탁 위에 놓였다. 삼촌표 떡라면을 가장 좋아하는 태준이지만 어쩐지 입맛이 없었다. 그건 삼촌도 마찬가지처럼 보였다. 삼촌과 태준이는 라면을 앞에 두고 동시에 한숨을 푹 내쉬었다.

"삼촌."

"왜?"

"어떻게 해야 사람들이 내 기사를 많이 볼까?"

태준이의 물음에 삼촌은 라면만 쳐다보며 대답했다.

"그걸 알면 내가 지금 이러고 있겠냐."

"그럼 어떤 기사를 써야 사람들이 많이 볼까?"

"뭐, 일단 눈길이 가야겠지. 제목부터 궁금하게. 이게 뭐지 싶게 말이야."

"궁금하게… 궁금하게 만들려면 어떻게 해야 해?"

태준이는 계속해서 삼촌에게 질문을 던졌다.

"일단 세야지. 세고 자극적이게. 안 보고는 궁금해서 못 견디게. 그래야 클릭 수가 늘어나고 광고가 붙지."

"광고?"

고개를 갸우뚱하는 태준이를 보며 삼촌은 계속 말을 이었다.

"내용이 중요한 게 아니야. 아니, 내용은 사실 별게 없어도 돼. 일단 기사를 클릭하게라도 만들어야 하니까. 그러려면 뻔한 거 말고 남들이 모르는 거, 안 본 거, 그런 걸 써야 해. 아무도 모르는데 알려주면 재미있는 거."

"남들이 모르는 거… 재미있는 거…."

태준이는 삼촌 말을 따라 중얼거렸다.

"그래. 무조건 센 내용이어야 해. 이 라면! 이게 몸에 뭐가 좋겠냐? 그래도 맛있잖아. 계속 먹고 싶잖아. 라면 같은 기사를 써야 남들이 읽어 줘."

열변을 토하던 삼촌은 눈을 동그랗게 뜨고 자신을 쳐다보는 태준이를 바라보았다.

"라고 우리 국장님께서 말씀하셨어. 에휴."

삼촌은 한숨을 푹 내쉬며 라면을 한 젓가락 집었다.

"국장님이라면 제일 높은 사람이지?"

"그렇지."

삼촌의 이야기가 태준이의 마음에 확 와닿았다. 그래, 제일 높은 국장님이 하는 말이라면 정말 맞는 말일 거야. 진짜 기자가 써야 하는 기사는 그런 걸지도 몰라.

"얼른 먹기나 해. 라면 다 불겠다."

후루룩거리며 라면을 먹던 삼촌이 태준이에게 말했지만 태준이는 여전히 생각에 잠겨 있었다. 라면을 다 먹은 삼촌이 밀린 잠이나 자야겠다며 방으로 들어간 후 태준이는 다시 컴퓨터 앞에 앉았다.

어제부터 준비했던 '우리 학교 급식 속 영양소 이야기'를 써 내려가기 시작했다. 기사를 절반쯤 쓰던 태준이는 지금껏 쓴 기사를 읽어 보았다. 여전히 재미가 없었다. 시금치에 들어 있는 영양소 따위를 도대체 누가 궁금해 할까?

태준이는 작성하던 기사를 한꺼번에 지워 버렸다. 이런 걸 올렸다가는 그나마 남아 있던 구독자마저 다 떠나갈 거야.

태준이는 아까 삼촌이 했던 말을 되새겨 보았다. 라면 같은 기사라… 문득 학교에서 몰래 봤던 율아의 스마트폰이 눈앞에 스쳤다.

아무한테도 말하지 말라던 주은이의 메시지가 떠올랐다. 아무한테도 말하지 말라는 건 아직 아무도 모른다는 얘기겠지. 아무도 모르는데 알려 주면 재미있는 기사를 써야한다는 삼촌의 말도 생각났다.

태준이는 한참을 망설이다 기사를 작성하기 시작했다.

'그림 얼룩 사건, 범인이 밝혀지다!' 라는 제목을 쓰고 보니 뭔가 그럴 듯해 보였다. '주은이가 실수로 물을 엎지르고 자신이 한 짓이라고 차마 밝히지 못했다.'

태준이는 고개를 저었다. 이건 너무 시시해. 삼촌 말대로 좀 더 세고 자극적이어야 해.

만약 주은이가 일부러 꾸민 짓이라면 어떨까? 그림을 잘 그리는 세린이를 질투해서 일부러 물을 쏟았다면? 겉으로는 친한 친구지만 사실은 세린이를 질투하고 미워했던 것이다. 마치 드라마 속의 사악한 악역처럼 말이다. 한결 더 그럴 듯해 보였다. 분명 주은이는 실수라고 했지만 그거야 알게 뭐람. 주은이의 마음속을 들여다 볼 수도 없는 노릇이니 말이다.

 누군가 태준이의 손을 조종하는 것처럼 태준이는 신들린 것처럼 키보드를 두들겨 댔다.

 기사를 다 작성하고 나서 태준이는 자신의 기사를 쭉 훑어보았다. 이건 기사가 아니라 명백한 거짓말이었다. 주은이는 질투에 눈이 먼 사악한 마녀가 되어 있었고 세린이는 불쌍하고 가련한 소녀가 되어 있었다.

 그 와중에 혹시라도 율아에게 불이익이 갈까 봐 걱정이 된 태준이는 이 비밀을 몰래 지켜본 한 소년의 제보를 받았다고 덧붙였다. 물론 그런 소년은 있을 턱이 없었다. 이 모든 건 다 태준이가 지어낸 소설에 불과하니 말이다.

 블로그에 '등록' 버튼을 누를까 말까 고민하던 태준이는 눈을 꼭 감고 버튼을 눌렀다. 딱 한 번만이야. 이번 한번만 아이들의 호기심을 자극할 만한 기사를 써서 잃어버린 구독자 수를 채우고 나면 제대로 된 기사를 작성할 거야.

태준이는 마음속으로 이렇게 다짐하며 블로그에 기사를 올렸다. 그런데 과연 이런 엉터리 기사를 아이들이 읽을까?

 스마트폰이 없는 태준이는 실시간으로 블로그 댓글을 확인할 수 없었다. 아빠가 퇴근한 밤 아홉 시까지도 조회 수는 얼마 되지 않았다. 역시 가짜 뉴스는 안 되는 걸까? 이런 거짓말투성이 소설 따위는 읽을 만한 가치도 없으니 말이다.

 태준이는 어떤 댓글이 달리는지 궁금했지만 아홉 시 이후부터는 컴퓨터 사용 금지인 탓에 더 이상 확인할 수가 없었다. 그날 밤, 호기심과 걱정이 뒤섞인 채 태준이는 늦게야 잠이 들었다.

5. 특종을 잡아라

 아침에 늦잠을 잔 탓에 컴퓨터를 켜 보지도 못한 채 태준이는 허겁지겁 교실로 들어섰다. 교실은 오늘따라 유난히 아이들의 수다로 보글보글 끓고 있었다.
 "어제 J기자 뉴스 블로그 봤어?"
 "완전 대박 사건. 김주은 그렇게 안 봤는데 장난 아니다. 완전 악녀야, 악녀."
 아이들은 태준이의 뉴스 기사로 흥분해 있었다. 태준이의 가슴이 마구 요동쳤다. 가짜 뉴스라고 욕하면 어쩌지? 그러나 아이들의 반응은 태준이의 생각과 달랐다.

"드디어 J기자가 돌아왔나 봐. 어쩜 이런 특종을 잡냐?"

"도대체 그 기사 제보한 소년이 누굴까? 혹시 찬율이 너 아냐?"

"무슨 소리야. 난 아냐."

아무렇지도 않은 듯 책상에 앉아 있었지만 태준이의 신경은 온통 아이들의 이야기에 집중되어 있었다.

그때였다. 드르륵 교실 문이 열리고 주은이가 들어왔다. 아이들은 일제히 주은이를 쳐다보았다. 여자아이들은 주은이에게 눈을 흘기며 수군거렸다. 주은이는 아직 학급 뉴스 기사를 못 본 모양이었다.

"무슨 일 있어?"

주은이가 옆자리에 앉은 세린이에게 묻자 세린이가 벌떡 일어났다. 그러곤 책상 위에 놓인 물병 뚜껑을 열고 주은이 머리 위로 물병의 물을 주루룩 부어버렸다.

"으아악. 이게 도대체 무슨 짓이야?"

물을 뒤집어쓰고 주은이가 소리를 지르자 세린이가 차갑게 말했다.

"너도 내 그림에 물 끼얹었잖아."

"그, 그게 무슨 소리야?"

얼굴이 새하얗게 질린 채 주은이가 물었다.

"친한 척 옆에 붙어서 속으로 날 그렇게 미워 했었니? 그래서 밤새 그린 내 그림을 그렇게 망가뜨린 거야?"

세린이의 말에 주은이의 손이 바르르 떨렸다.

"그게 아니라… 그건 정말 실수였어."

"실수 같은 소리 하네. 네가 일부러 물 엎지른 거, 우리 반 애들 모두 다 알아."

"아냐, 정말 실수였어. 물통을 들고 가다 발에 걸려서 엎지른 거야. 믿어 줘."

"실수라면 왜 나한테 솔직하게 말 안 했어? 그것부터가 이상하잖아."

"그게 말하려고 했는데… 용기가 나지 않아서… 그런데 정말 오늘 솔직히 밝히고 사과하려고 했어. 그래서 내가 어젯밤 할 말 있다고 메시지 보냈잖아."

"흥. 끝까지 오리발 내밀긴. 됐어, 네 말 따윈 듣고 싶지도 않아."

세린이는 얼음처럼 차갑게 굳어 고개를 돌렸다.

"와, 김주은 정말 뻔뻔하다."

"실수래. 완전 계획적으로 해놓고는. 네 시커먼 속셈, J 기자 뉴스에 다 나와 있어."

세린이 옆에 있던 지음이와 소진이 역시 주은이를 흘겨보며 거들었다. 아니, 5학년 3반 모든 아이들이 주은이를

욕하고 있었다. 율아와 태준이만 빼놓고 말이다. 태준이는 호기심을 이기지 못하고 컴퓨터실로 뛰어갔다.

선생님께 잠깐 확인할 게 있다고 말한 뒤 태준이는 컴퓨터를 켰다. 뉴스 블로그에 들어가자마자 태준이의 두 눈이 휘둥그레졌다. 어젯밤 작성한 기사에 댓글이 어마어마하게 달린 것이다.

'웬일이니, 김주은 그렇게 안 봤는데 천하의 악마네.'
'대박. 이런 특종을 잡다니. 드디어 J기자가 정신을 차린 걸까?'
'제일 친한 친구가 뒤통수를 치다니 누굴 믿어야하나.'
'도대체 이 기사를 제보한 소년이 누굴까? 그 소년은 J기자의 정체를 알고 있는 걸까?'
'후속 기사도 궁금하다. 김주은의 악행이 이것 말고도 더 있을 것 같은데. J기자, 부탁해요.'

온통 태준이의 기사에 호평 일색이었다. 태준이가 지어낸 이 뉴스가 가짜일 거라 생각하는 댓글은 단 한 줄도 없었다.

이럴 수가. 아이들은 태준이의 가짜 뉴스를 철썩 같이 믿고 있는 것이었다. 그때 스르륵 문이 열리고 주은이가 들어왔다. 주은이는 태준이를 보지 못한 듯, 창백한 얼굴로 컴퓨터 앞에 앉았다. 주은이 역시 태준이의 뉴스를 확인하기 위해 들어온 것 같았다. 태준이는 주은이에게 미안한 마음에 슬쩍 컴퓨터실을 나왔다.

교실에 들어오자 어느 틈엔가 율아가 들어와 있었다. 스마트폰을 들고 있는 율아의 손이 가늘게 떨리는 것이 보였다. 율아도 학급 뉴스 기사를 이제야 확인하는 눈치다.

선생님이 들어온 뒤에야 주은이가 힘없이 교실로 들어왔다. 아이들은 여전히 주은이를 노려보며 수군거렸다.

"잠깐 나 좀 봐."

쉬는 시간이 되자마자 주은이가 율아에게 다가와 속삭이듯 말했다. 율아는 순순히 주은이를 뒤따라 교실을 나섰다. 궁금한 마음에 태준이는 몰래 율아 뒤를 따라가 보았다. 주은이는 3층 복도 끝에서 걸음을 멈추었다.

"너지?"

떨리는 목소리로 주은이가 묻자 율아의 얼굴이 대번에 굳어졌다.

"무슨 소리야?"

"네가 J기자에게 제보했지? 난 너 말곤 그 얘기 아무한테도 안 했어."

"난 아냐. 난 J기자가 누군지도 몰라."

"그럼 J기자가 이걸 어떻게 알고 기사를 써?"

"나 정말 아니야."

"내가 분명 실수라고 했잖아!"

주은이가 두 손으로 얼굴을 감싸며 소리쳤다. 두 손 사이에서 눈물이 흘러나왔다.

"알아. 난 너 믿어. 네가 일부러 그런 거 아니란 거."

"그런데 제보했니? 너야말로 친한 척 하면서 뒤통수치는 거구나."

"아냐. 정말 나 아니야. 난 진짜 J기자가 누군지도 모른다니까?"

"난 널 믿었는데… 그래서 얘기한 건데… 네 말 듣고 오늘 세린이한테 솔직히 말하고 용서를 구하려고 했는데…. 네가 다 망쳤어. 이제 속이 시원하니? 날 악마로 몰아세우니 속 시원해?"

"난 정말 아니라니까. 주은아, 난 네 친구잖아. 내가 그럴 리가 없잖아."

"됐어. 다 필요 없어."

주은이는 울면서 뛰어가 버렸다. 율아 역시 울 것 같은 표정으로 서 있었다. 그리고 이 장면을 기둥 뒤에 숨어 태준이가 몰래 지켜보고 있었다.

교실로 돌아온 뒤에도 율아의 표정은 어두웠다. 눈가에는 눈물까지 살짝 맺혀 있었다. 주은이는 말할 것도 없다. 그날 하루 종일 주은이는 몸이 아프다는 핑계로 책상에 엎드려 있었다.

태준이는 이 둘을 보고 가만히 있기가 힘들었다. 몰래 휴대폰을 훔쳐보고 제멋대로 상상해서 지어낸 가짜 뉴스로 두 아이를 지옥 속에 빠뜨리다니 양심에 가책이 느껴졌다.

율아한테만이라도 솔직히 고백해야 할까?

몇 번이나 율아에게 솔직히 털어놓고 싶었지만 그때마다 태준이는 말을 삼켰다. 용기가 나지 않아서가 아니었다. 아침에 봤던 댓글들 때문이었다.

태준이의 뉴스에 열광하던 아이들의 댓글이 달콤한 사탕처럼 느껴졌다. 한번도 아이들에게 관심을 받아본 적 없는 태준이었는데 자신이 쓴 기사에 이렇게 열광하다니 믿어지지 않았다.

그동안의 외로움과 서러움이 단번에 씻기는 기분이었다. 재미있다잖아. 다음 뉴스가 기대된다잖아. 가짜 뉴스면 어때? 아이들이 이렇게 좋아하는 걸.

대폭 늘어난 구독자 수와 호평 일색인 댓글들을 떠올리며 태준이는 마음을 다잡았다.

그래, 내가 이런 짓을 벌였다는 걸 알면 율아는 더욱 더 날 안 좋아하게 될 거야. 아니, 율아뿐 아니라 우리 반 아이들 모두 날 더더욱 싫어하게 될 거야. 그냥 입 다물고 있자. 결국 태준이는 아무 말도 하지 않고 주은이와 율아를 지켜보기만 했다.

6. 크레센도, 점점 세게

창작의 고통이란 이런 걸까?

연일 신 내린 것처럼 기사를 꾸며 써 내려가던 태준이는 어제부터 마땅한 기삿거리가 떠오르지 않았다.

좀 더 세고 재미있는 기사를 원하는 아이들의 입맛에 맞추려면 전보다 더더욱 강력한 내용을 써야했다. 하지만 태준이의 아이디어는 이미 밑천을 보이고 있었다. 밤마다 어른들이 보는 드라마도 챙겨보고 인터넷 뉴스도 살펴보았지만 이거다 싶은 내용은 생각나지 않았다.

"안 나가? 체육 시간이야."

율아가 자리에서 일어나며 태준이에게 한마디 했다.
"어? 어."
아이들은 이미 교실 밖을 빠져나갔고 율아 역시 교실을 나갔다. 주위를 둘러보니 어느새 텅 빈 교실에는 태준이뿐이었다. 주섬주섬 자리에서 일어나는데 율아 책상 서랍 속에 살짝 삐져나온 스마트폰이 눈에 띄었다.

'아무도 없나?'

다시 한번 주위를 둘러본 태준이는 슬며시 율아 책상 밑으로 손이 갔다. 꺼져있는 스마트폰을 켠 뒤 자연스럽게 메시지함으로 손가락이 움직였다.

친구들과 나눈 대화 내용들이 줄줄이 쏟아졌다. 가장 최근에 주고받은 메시지는 같은 반 친구 소진이와 나눈 대화였다.

소진

> 율아야, 혹시 우리 엄마한테 연락 오면 토요일에 나랑 같이 햄버거 먹으러 가기로 했다고 얘기해줘.

윤아
갑자기 왜? 우리 토요일에 약속 안 했잖아.

소진
나 그날 지석이랑 만나서 데이트하기로 했거든.
우리 엄마는 초등학생이 남자친구 사귀는 거 딱 질색이라서.

윤아
그래서 나랑 만난다고 거짓말 한 거야?

소진
응. 제발 부탁해. 나 지석이랑
햄버거 먹기로 했거든. 부탁이야.

윤아
거짓말은 좀 곤란한데….

소진
아마 우리 엄마가 전화도 안 할 거야.
그래도 혹시 몰라서. 제발

윤아
알았어.

손가락으로 메시지를 훑어보던 태준이는 복도에서 무슨 소리가 들리자 후다닥 스마트폰을 껐다.

"야, 빨리 안 나와? 선생님이 찾아."

반장 채현이가 교실 문을 드르륵 열더니 태준이를 보고 소리쳤다.

"어? 어. 나갈게."

태준이는 채현이의 눈치를 보며 스마트폰을 율아 책상 서랍에 쓱 집어넣었다. 아무렇지도 않은 척 채현이를 따라 교실을 나서며 태준이의 입가에는 묘한 미소가 맴돌았다.

학교에서 돌아오자마자 태준이는 컴퓨터를 켰다. 지석이와 소진이가 사귄다는 헤드라인을 치고 기사를 써 내려가던 태준이가 갑자기 키보드에서 손을 뗐다.

'단순히 둘이 사귄다는 것만으로는 뭔가 부족해.'

그랬다. 지석이나 소진이나 반에서 인기가 많은 것도 크게 두드러지는 것도 아닌데 둘이 사귄다는 것만으로는 어쩐지 J기자의 뉴스 치고 약했다.

게다가 반에서 이성 친구를 사귀는 애들이 그 둘 말고

도 얼마든지 있지 않은가.

 심지어 어떤 아이들은 공공연하게 떠벌리고 다니기까지 하는데 이 둘이 사귄다는 건 그다지 큰 뉴스가 아니라는 생각이 들었다.

 기사를 작성하다 말고 태준이는 인터넷 뉴스 검색에 '초등생 이성교제'를 쳐보았다. 단순히 초등학생의 이성교제가 몇 퍼센트인지 하는 내용부터 범죄로까지 이어지는 끔찍한 사건까지 뉴스 기사는 모니터 가득 쏟아졌다.

 역시나 자극적인 내용의 기사가 조회 수도 높고 댓글 수도 어마어마했다. 생각에 잠긴 태준이는 지금까지 자신이 쓴 기사를 모두 지워 버렸다.

 "태준이 요새 컴퓨터 너무 하는 것 아니니?"

 퇴근해서 돌아온 아빠가 컴퓨터 앞에 앉아 있는 태준이를 보며 물었다.

 "어? 언제 오셨어요?"

 아빠의 목소리에 태준이는 황급히 컴퓨터를 꺼버렸다.

 "녀석. 컴퓨터로 뭘 그렇게 치다가 후다닥 꺼 버리냐? 연애편지라도 쓰는 거야?"

"연애편지는요, 무슨."

태준이가 머리를 긁적이자 아빠가 피식 웃었다.

"밥은 먹었지?"

"네."

"그래, 아빠도 먹고 들어왔어. 삼촌은 아직 안 왔지?"

"네… 저…. 아빠?"

"응?"

태준이는 아빠를 불러놓고 뜸을 들였다.

"뭔데? 얘기해 봐."

"저… 저 스마트폰 사 주세요."

"스마트폰?"

뜬금없는 소리에 아빠가 태준이를 쳐다보았다.

"네. 집에서 컴퓨터로만 확인하기 불편해요. 스마트폰 있으면 어디서든 바로바로 확인이 가능하잖아요."

"뭘 확인하는데?"

아빠의 질문에 태준이는 말문이 막혔다. 삼촌에게는 말했지만 아직 아빠에게는 뉴스 블로그를 운영한다는 말을 못했기 때문이다.

어쩐지 요즘 태준이가 쓴 기사를 보면 아빠는 좋아하지 않을 지도 모른다는 생각도 들었다.

"그냥… 이것저것 다요. 학교에서 공지사항 같은 것도 반공식 카페에 올라오고…."

"그런 건 굳이 실시간으로 확인하지 않아도 될 것 같은데? 게다가 너도 휴대폰 있잖아. 중요한 사항은 선생님께서 문자 메시지로 보내주시던데."

"그렇긴 하지만…."

"아빠는 초등학생이 스마트폰을 들고 다니는 건 좀 더 신중해야 한다고 생각하거든. 가뜩이나 요즘 컴퓨터 사용 시간이 늘었는데 스마트폰까지 생기면 하루 종일 붙들고 있을지도 모를 일이고. 안 그래?"

"그거야 뭐…."

아빠는 태준이의 어깨를 감싸 주며 미소를 지었다.

"무조건 안 된다는 건 아니고. 생각 좀 해보자. 너도 네가 왜 스마트폰이 꼭 필요한지 아빠가 수긍할 수 있도록 타당한 이유를 더 생각해서 알려주렴. 그럼 아빠는 이제 씻는다."

아빠가 욕실에 들어가고 나서도 태준이는 컴퓨터를 켜지 않았다. 대신 책상에 앉아 연습장을 펼치고 손글씨로 기사를 작성하기 시작했다.

아빠가 잠자리에 든 후에 태준이는 몰래 거실로 나와 다시 컴퓨터를 켰다. 그리고 연습장에 미리 써둔 기사를 블로그에 올렸다.

"대박! J기자가 또 한 건 해냈어."
"뭔데 뭔데? 어젯밤 10시까지는 아무 뉴스도 안 올라왔던데?"
"11시에 기사가 떴어. 봐봐."

다음날 아침, 5학년 3반은 태준이가 올린 뉴스 기사로 또 한 번 술렁거렸다.

"지석아, 진짜야? 너 소진이랑 사귀어?"
"그거보다 너도 알았어? 임소진네 엄마가 너랑 걔랑 사귀는 거 반대해서 집에 가두고 매까지 때렸다던데? 엊그제 소진이 머리 짧게 단발로 자른 것도 걔네 엄마가 너랑 사귀는 거 알아서 강제로 자른 거래."

지석이가 등교하자마자 아이들은 우르르 지석이에게 몰려가 이야기를 쏟아냈다. 얼굴이 붉으락푸르락해진 지석이는 어쩔 줄 몰라 했다.

"나, 난 모르는 일이야."

"어? 임소진 온다!"

교실로 들어온 소진이를 보고 아이들은 또 우르르 몰려갔다.

"소진아, 너도 뉴스 봤어? 이번에 네 얘기던데?"

"무, 무슨 뉴스?"

아이들이 몰려오자 당황한 소진이가 눈만 껌뻑이며 물었다.

"너 아직 J기자의 뉴스 블로그 못 본 거야? 네 얘기야. 너 지석이랑 사귄다며?"

"누, 누가 그래?"

영문을 모르는 소진이를 보고 옆에 있던 유주가 스마트폰을 꺼내 뉴스 블로그 기사를 보여 주었다. 말없이 기사를 읽던 소진이는 얼굴이 새파랗게 질려 지석이를 쳐다보았다.

"너 정말 지석이랑 사귀어? 정말 너희 엄마가 네 머리카락 자른 거야?"

"아, 아니야. 그게 아니라…."

"나 임소진이랑 절대 아무 사이도 아냐. 그러니까 이 기사는 엉터리라고!"

소진이의 말을 잘라버린 건 지석이었다. 지석이가 눈을 부릅뜨고 아이들에게 큰 소리로 이렇게 선언한 것이다. 그러자 소진이가 놀란 눈으로 지석이를 쳐다보았다.

율아 역시 토끼눈이 되어 소진이와 지석이를 번갈아 바라보았다.

7. 피리 부는 사나이

때마침 선생님이 들어왔고 아이들은 일단 제자리로 돌아갔다. 하지만 여전히 속닥속닥 지석이와 소진이의 얘기로 정신이 없었다.

"뭐야? 그럼 J기자가 잘못된 기사를 썼다는 거야?"

"딱 보면 모르겠냐. 지석이는 소진이랑 사귄다고 생각 안 하는데 소진이 혼자 김칫국 들이킨 거잖아. 임소진 불쌍하다. 혼자 사귄다고 생각하고 엄마 반대에 머리카락까지 잘리고."

"웬일이니. 소진이 혼자 지석이 좋아한 거였어?"

소문은 걷잡을 수 없을 만큼 빠르게 퍼져 나갔다. 그것도 순 엉터리로 말이다. 태준이는 귀를 쫑긋하고 아이들의 이야기를 엿들으면서 율아의 눈치를 살폈다.

아니나 다를까 쉬는 시간이 되자마자 소진이가 부리나케 율아에게로 달려왔다.

"너니?"

"뭐가?"

"내가 지석이랑 사귄다는 얘기, 너 말고는 아직 아무한테도 안 했잖아."

"소진아, 너 지금 날 의심하는 거야? 난 아냐."

"너 혹시, 네가 J기자야?"

소진이의 이 말에 반 아이들은 모두 율아를 쳐다보았다.

"그럴 리가 없잖아. 난 아니야!"

"장율아, J가 장율이의 장. 너 진짜 아냐?"

의심 가득한 눈으로 소진이가 율아를 바라보았다. 그때 늘 말없이 고개만 숙이고 있던 주은이가 다가왔다.

"정말, 장율아 너였어? 내가 세린이 그림에 물 엎지른 것도 너밖에 모르는 일이었잖아. 네가 J기자였어?"

주은이의 말에 아이들은 크게 동요하기 시작했다.
"와. 장율아 맞나 봐."
"생각해보니 율아 장래 희망이 뉴스 앵커잖아. 저번에 국어 시간에 발표했던 거 기억나지?"

아이들은 점점 율아를 J기자로 몰아가기 시작했다. 이에 당황한 건 율아와 태준이었다.
"난 정말 아니라니까? 난 J기자 뉴스가 이상해지기 시작

한 뒤로는 블로그까지 탈퇴했어."

율아가 손을 내저으며 언성을 높였다.

"정말 너 아냐? 너 말고는 김주은이나 임소진 비밀을 아는 사람이 없는 건 사실이잖아."

채현이가 율아에게 얼굴을 들이밀고 다시 물었다.

"난 그딴 엉터리 뉴스 따위는 쓰지 않아. 그건 뉴스가 아니라 거짓 소문, 헛소문에 불과해."

율아의 당찬 목소리에 태준이의 어깨가 움찔거렸다. 거짓 소문, 헛소문이라니 얼굴이 화끈거렸다.

"아무리 생각해도 너 말고는 이 사실을 아는 사람이 없어."

"율아 스마트폰으로 블로그에 들어가 보면 되잖아. 율아가 J기자라면 운영자 계정으로 들어가지겠지."

소진이의 말에 태준이가 옆에서 중얼댔다. 그러자 아이들이 손뼉을 쳤다.

"그렇네. 율아 네가 아니라면 증거를 보여 줘."

율아는 내키지 않는다는 듯 잠시 머뭇거리다 이내 서랍에서 스마트폰을 빼 들었다.

아이들이 율아 앞으로 순식간에 모여들었다. 율아가 J기자의 뉴스 블로그에 들어가자 성질 급한 소진이가 먼저 빼앗았다. 찬찬히 스마트폰을 들여다보던 소진이 입에서 탄식이 새어 나왔다.

"정말… 아니네…."

"봐, 난 구독자도 아니라니까."

율아가 다시 한번 쐐기를 박자 아이들의 시선은 소진이에게로 향했다.

"뭐야, 임소진. 괜히 율아한테로 시선 돌리긴."

"지금 J기자가 누군지 그게 중요해? 뉴스가 중요하지."

"사실이 밝혀지니 부끄러워서 저러겠지. 김주은이나 임소진이나 다 창피해서 저런 거잖아."

아이들은 다시 소진이와 주은이를 비난하기 시작했다. 주은이는 얼굴이 빨개져 제자리로 돌아갔다. 소진이는 어쩔 줄 몰라 다시 한번 지석이를 바라보았지만 지석이는 모른 척할 뿐이었다.

그때 수업 시간을 알리는 종이 울리고 선생님이 들어왔다. 몰려있던 아이들은 제자리로 돌아갔지만 달아오른 반

분위기는 쉽게 사그라지지 않았다.

"도대체 J기자가 누굴까? 나도 율아가 아닐까 잠깐 의심했었는데."

"그러게 말이야. 정말 궁금하다."

아이들의 속닥거리는 소리에 태준이는 마음이 조마조마했다.

이러다 날 찾아내면 어쩌지. 내가 거짓말했다는 게 들통나면 어떡하지. '거짓 소문, 헛소문'이라는 율아의 말이 귓가에 빙빙 돌았다.

"율아가 J기자를 알아서 제보를 했거나, 딴 애들한테 말하는 걸 들었거나 둘 중 하나겠지. 애초에 주은이나 소진이가 잘못한 일이긴 하지만 율아 입이 싼 건 사실이야. 앞으로는 율아랑 무슨 대화도 못하겠어."

여자아이들은 율아를 슬금슬금 피하기 시작했다. 소진이는 아이들의 수군거림을 참지 못한 듯 급식 시간 전에 조퇴를 해버렸다.

주은이 때에도 씩씩하게 버티는 것처럼 보이던 율아가 급식을 거르자 태준이는 걱정이 되었다.

"율아야, 너 밥 안 먹어?"

태준이가 용기를 내어 말을 건네자 율아는 고개만 저었다.

하루 종일 여자아이들은 수시로 율아를 흘겨보며 수군거렸다. 쉬는 시간마다 책상에 엎드려 있던 율아가 태준이는 영 신경이 쓰였다. 또다시 마음 한 구석이 쿡쿡 쑤셔왔다.

"집에 안 가?"

수업이 모두 끝나고 책가방을 챙기던 태준이가 율아에게 물었다. 그때까지도 율아는 책상에 엎드려 있었다. 고개를 든 율아의 얼굴은 핏기 없이 새하얗다. 주위를 둘러본 율아가 말없이 책가방을 들고 교실을 나갔다. 태준이가 그 뒤를 졸졸 따라갔다.

"괜찮아?"

율아의 뒤를 따르며 태준이가 묻자 율아는 고개만 끄덕였다.

"J기자가 아니라는데도 애들이 왜 너한테 그러냐."

태준이의 말에 율아의 눈에서 눈물 한 방울이 떨어졌다.

"차라리 내가 J기자였으면 이러지 않았겠지. 지금 애들한테 J기자는 영웅과도 마찬가지니까."

"응?"

생각지도 못한 율아의 말에 태준이는 어안이 벙벙했다.

"그딴 엉터리 기사나 써대면서 무슨 기자라고. 그건 그냥 거짓말로 뭉쳐 놓은 쓰레기에 불과해. 안 그래?"

율아는 화를 토해내듯 말을 뱉어냈다. 그러나 태준이는 아무 말도 할 수 없었다.

율아 앞에서 그게 바로 나라고 말할 수는 없었으니까. 게다가 율아의 표현에 은근히 기분이 상하기도 했다.

"하지만 아이들에게 영웅과도 마찬가지라며?"

태준이는 자기도 모르게 J기자를 편들고 있었다.

"그래. 그러니 애들도 한심한 거지. 기자라면 제대로 된 사실에 근거해서 기사를 써야 하잖아. 엉터리로 지어낸 그런 기사에 아이들이 열광하니 다 같은 멍청이들이야. 남의 얘기를 할 때는 그게 진짜든 가짜든 상관없이 재미있겠지만 막상 자기 얘기를 그렇게 하게 된다면 그땐 또 달라지겠지. 안 그러니?"

"그거야 뭐…."

"너도 기자가 꿈이라며."

율아의 말에 태준이는 걸음을 멈추었다.

"그걸… 어떻게 알아?"

"저번 발표 시간에 그랬잖아. 꿈이 기자라고."

"그걸 기억하고 있었어?"

"짝꿍인데 당연하지."

율아의 얼굴에는 어느새 분노가 사그라지고 평소의 따스함이 배어 있었다. 그런 율아의 얼굴은 태준이가 감히 쳐다보기 어려울 정도로 빛나 보였다.

태준이의 고개는 점점 수그러졌다.

"오늘 나 걱정해줘서 고마워. 내일부터는 다시 힘내야지. 그럼 잘 가."

율아가 손을 흔들며 교문을 빠져나갔다.

짝꿍이 된 지 한 달 가까이 지났지만 이렇게 먼저 인사해준 적은 처음이었다. 게다가 내 꿈이 뭔지 기억하고 있었다니.

태준이는 황홀한 기분이 들었다. 그러면서도 J기자를 한심하게 생각하는 율아에게 어쩐지 서운한 마음도 들었다.
 자신 때문에 궁지에 몰리게 한 것이 미안하기도 했다.
 이렇게 한 사람에게 복잡 미묘한 여러 가지 마음이 들다니 신기한 일이었다.

8. 나 이런 사람이야

막 저녁을 먹으려는데 삼촌이 들어왔다.
"오, 밥! 내 밥!"
삼촌은 태준이가 먹으려고 퍼 놓은 밥그릇을 가로채며 숟가락을 들었다. 며칠 만에 본 삼촌의 모습은 전보다 더 수척해 보였다.
"아, 삼촌. 더럽게. 손이나 씻고 먹어."
"배고파, 배고파."
태준이가 삼촌을 노려봤지만 그러거나 말거나 삼촌은 밥 먹기에 바빴다.

"무슨 신문사에서 밥도 안 줘?"
"주지. 많이 주지."
"그런데 왜 굶고 와?"
"너 눈칫밥이라고 아냐? 그런 건 먹을수록 배가 부른 게 아니라 배가 더 고파지는 거야. 한 끼를 먹더라도 편하게 먹어야 살로 간다."

삼촌은 정신없이 밥을 퍼먹으며 말했다. 그런 삼촌을 태준이는 빤히 쳐다보았다. 기자가 되었을 때 두 손을 맞잡고 방방 뛰며 기뻐했던 기억이 떠올랐다.

그때의 빛나던 삼촌은 어디로 가고 저렇게 꼬질꼬질 불쌍해 보이는 삼촌만 남은 걸까.

밥을 다 먹자마자 삼촌은 소파에 벌러덩 누워 골아 떨어졌다. 태준이는 설거지를 마치고 컴퓨터를 켰다. 사실 집에 오자마자 블로그의 댓글을 확인해 보고 싶었지만 일부러 켜지 않았다.

좀 더 참았다가 보고 싶었다. 율아에게 미안한 마음과 부끄러운 마음, 그리고 아이들에게 우쭐대고 싶은 마음이 한 데 뒤엉켜 마음이 복잡했다.

두근거리는 마음으로 블로그에 들어갔다. 40개가 넘는 댓글이 달려있었다. J기자의 뉴스 블로그를 이어받은 후 가장 많은 댓글들이었다.

'아이돌 따라서 단발로 잘랐다더니 엄마한테 잘린 거였어? 와, 임소진

'엄마 대단하다. 남자 친구 사귄다고 어떻게 딸 머리를 자르냐?'
'오죽했으면 잘랐겠니? 둘이 보통 사이가 아닌 게 분명해.'
'아까 지석이가 아무 사이 아니라고 했잖아. 불쌍한 소진이, 혼자 짝사랑한 거야?'
'임소진 혼자 소설을 썼네. 창피한 줄 알아라.'
'J기자, 후속 뉴스 기대합니다. 오늘 강지석은 사귀는 사이가 아니라고 딱 잘랐는데 이거 어떻게 된 건지 심층 취재 부탁해요.'

태준이는 마지막 댓글을 보고 생각에 잠겼다.

다행히 아이들은 소진이 혼자 짝사랑한 걸로 결론을 냈지만 어쨌든 J기자의 뉴스에 신뢰도가 떨어진 건 사실이다. 뭔가 좀 더 센 뉴스로 이 찜찜함을 덮어야만 했다.

"태준아, 오렌지주스 없어?"

어느새 일어난 삼촌이 냉장고를 뒤적이며 물었다. 감기 기운이 있을 때마다 오렌지 주스를 마시는 건 삼촌의 버릇이었다.

"감기 걸린 거야? 내가 사올게."

태준이는 컴퓨터를 끄고 일어났다.

"지금? 너무 늦었는데. 밖에 벌써 깜깜해."

"바로 앞인데 뭐. 바람도 쐴 겸 갔다 올게."

"그럼 같이 가자."

삼촌과 태준이는 겉옷을 챙겨 입고 집을 나섰다.

오랜만에 삼촌과 함께 길을 걸으니 태준이는 기분이 좋아졌다. 예전에는 늘 함께였는데 삼촌이 기자가 된 후로는 영 함께 다닐 일이 없었다.

"아주머니. 앗차 오렌지주스 없어요?"

삼촌이 가게 냉장고를 두리번거리며 묻자 주인 아주머니가 미안한 표정을 지었다.

"어쩌나, 그거 다 떨어졌는데."

삼촌이 난감한 표정을 짓자 태준이가 삼촌의 손을 잡아 끌었다.

"저기 공원 앞 편의점에는 있을 거야. 거기 가보자."

"그럴까?"

삼촌과 태준이는 꾸벅 인사하고 가게를 나와 공원으로 향했다.

"안 피곤해? 그냥 아무거나 살 걸 그랬다."

삼촌이 미안한 표정을 짓자 태준이가 씨익 웃었다.

"오랜만에 삼촌이랑 걸으니까 좋은데? 그리고 삼촌 원래 그것만 마시잖아."

"짜식. 고마워."

달빛이 은은한 밤에 공기마저 선선하여 기분이 상쾌했다. 뭔가 찝찝했던 마음도 한결 가벼워지는 기분이었다. 그때였다. 어디선가 여자애들이 다투는 소리가 들려왔다.

"밤에 누가 저렇게 싸워?"

삼촌이 두리번거리며 말하자 태준이도 덩달아 고개를 돌렸다. 길 건너 공원 앞에서 여자애 둘이 언성을 높이고 있었다.

"어? 율아 아냐?"

태준이가 눈을 동그랗게 떴다. 가로등 밑에 어렴풋이 보이는 얼굴은 분명 율아와 소진이었다.

"아는 애들이야?"

"어. 우리 반인데…."

삼촌과 태준이는 그 자리에 서서 율아와 소진이를 바라보았다.

"너잖아! 겉으로는 친한 척 하고 속으로는 없는 얘기까지 지어서 내 흉을 봐?"

"나 아니라니까!"

율아는 자신의 어깨를 잡는 소진이를 뿌리치고 찻길 쪽으로 걸어갔다.

"얘기 안 끝났어!"

소진이가 율아의 옷자락을 와락 잡아챘다.

"아얏. 이거 안 놔?"

율아가 소리를 지르는 바람에 소진이가 옷자락을 놓으며 율아의 등을 떠밀었다.

율아는 으악 하며 앞으로 중심을 잃고 넘어졌다. 그때 앞을 지나던 자동차가 끼익 하고 급정거를 했다.

"유, 율아야!"

태준이가 놀라서 소리쳤다. 삼촌이 후다닥 율아에게로 뛰어갔지만 태준이는 너무 놀라 움직일 수가 없었다.

소진이의 얼굴은 새하얗게 질렸고 율아는 그대로 땅에 쓰러져 있었다. 차에서 운전하던 아주머니가 나와 율아에게 왔다.

"얘! 얘! 괜찮니?"

 아주머니가 율아를 일으키자 율아가 고개를 끄덕였다. 소진이는 벌벌 떨며 뒷걸음질을 쳤다.
 "소진아!"
 율아가 소진이를 불렀지만 소진이는 뒷걸음질 치다 빠른 속도로 어디론가 사라져 버렸다.
 "엄마 전화번호 뭐니? 내가 전화 걸게."
 아주머니는 율아 엄마와 통화를 한 후 율아를 차에 태우고 가버렸다. 정말 눈 깜짝할 사이에 일어난 사고였다.
 "괜찮겠지?"
 태준이가 걱정스러운 목소리로 삼촌에게 물었다.

"그렇겠지? 보니까 차에 치인 게 아니라 놀라서 쓰러진 거였어."

"괜찮아야 할 텐데…."

태준이는 삼촌과 집으로 돌아오면서 내내 율아 생각을 했다. 차에 치인 게 아니라니 크게 다치진 않았을 거야.

율아의 옷자락을 잡아채던 소진이의 모습도 떠올랐다.

율아를 괴롭히는 소진이의 얼굴은 마치 마녀처럼 보였다. 율아가 쓰러지자 창백한 얼굴로 혼이 나간 것처럼 보이던 모습도 생각났다.

사실 소진이와 율아가 다투게 된 원인은 자신 때문이라는 것을 누구보다 잘 알면서도 태준이는 소진이가 미워졌다. 자신의 뉴스 블로그를 혹평하던 율아의 말도 떠올랐다.

이런저런 생각을 하던 태준이는 늦은 시간 컴퓨터를 켰다.

'J기자는 후속 기사를 빨리 올려라. 지석이가 사귀는 게 아니라고 했는데 어떻게 된 사실인지 밝혀라.'

블로그에는 기사의 진위를 제대로 밝히라는 댓글이 연달아 올라오고 있었다. 망설이던 태준이는 입술을 깨물고 새 기사를 써 내려가기 시작했다.

9. 오늘의 사건 사고

'한밤중 공원 앞에서 일어난 끔찍한 사고의 전말!'

어젯밤 8시, 샘말 공원 앞에서 임소진 양이 달리는 차 앞으로 장율아 양을 떠밀어 장 양이 차에 치이는 끔찍한 사고가 발생했다.

자신의 소문을 둘러싸고 최초 제보자가 장 양이라 생각한 임 양은 장 양에게 일방적으로 싸움을 걸었다. 일부러 달리는 차를 향해 등을 떠미는 등 친구로서 할 수 없는 만행을 저지른 임 양은 장 양이 차에 치이자 재빨리 도망쳤다.

아침에 눈을 뜨자마자 태준이는 컴퓨터를 켰다. 아이들의 반응이 못 견디게 궁금했기 때문이다.

"태준아, 학교 갈 준비는 안 하고 아침부터 무슨 컴퓨터야?"

출근 준비를 하던 아빠가 한 소리 했지만 태준이는 컴퓨터에서 눈을 뗄 수 없었다. 밤 아홉 시가 훌쩍 넘어 올린 기사는 벌써 구독 수가 50을 넘어섰고 댓글 역시

30개가 넘었다.

'와, 임소진 진짜 무섭다. 이거 완전 계획적으로 작정하고 낸 사고잖아.'
'장율아 불쌍해. 친구 잘못 둔 죄로 이게 뭐냐. J기자가 밝혔잖아. 장율아가 제보한 거 아니라고.'
'다음 타겟은 J기자 아냐? J기자를 임소진으로부터 보호해야 한다.'
'나 이 기사 보자마자 율아한테 연락해 봤는데 병원에 입원했대. 임소진은 피해보상하고 공개 사과해라.'

　　댓글을 읽던 태준이는 율아가 병원에 입원했다는 댓글에 움찔했다. 괜찮을 줄 알았는데 정말 많이 다친 걸까?
　　"이태준! 밥 안 먹어? 아빠 먼저 나간다. 컴퓨터 그만 끄고 학교 갈 준비해!"
　　아빠의 말에 태준이는 시계를 보았다.
　　'이크, 이러다간 지각이다.'

　　간신히 지각을 면한 태준이가 허겁지겁 교실로 들어섰다. 아이들은 이미 율아와 소진이 이야기로 떠들썩했다. 정말 입원한 것인지 율아의 자리는 비어 있었다.

"조용조용. 오늘따라 왜 이리 시끄러워."

선생님이 교실로 들어오며 말했다. 채민이가 손을 번쩍 들고 일어나 물었다.

"선생님! 율아 정말 입원했어요?"

채민이의 질문에 아이들은 모두 선생님을 쳐다보았다. 태준이 역시 침을 꼴깍 삼키며 선생님을 쳐다보았다. 그때였다. 교실 뒷문이 드르륵 열리고 좀비처럼 기운 없이 소진이가 들어왔다.

"그래. 율아가 어젯밤에 사고가 나서 병원에 입원했어. 며칠 입원해야 한다더라. 빨리 낫길 기도해주렴."

선생님의 말에 소진이의 얼굴은 더더욱 창백해졌다. 아이들은 소진이를 바라보며 수군거렸고 소진이는 아이들의 따가운 시선에 고개를 숙였다.

"웬일이니. 임소진 그렇게 안 봤는데 완전 천하의 악마였어. 지석이도 혼자 좋아한 거라며. 거의 스토커 수준이었다는데?"

"너무 무섭지 않니? 어떻게 달리는 차에다 친구를 밀어?"

"J기자가 직접 봤다잖아. 끔찍해."

쉬는 시간, 선생님이 자리를 비우자마자 아이들은 대놓고 소진이를 욕했다. 소진이는 책상에 고개를 파묻고 있었다.

"정말 J기자 대단해. 요새 웬만한 웹툰이나 게임보다 J기자 뉴스 블로그가 더 재미있다니까."

"맞아. 어떻게 이런 특종을 잡냐? 하필 딱 그 자리에 J기자가 있었다니!"

"그러니까. 정말 궁금해 죽겠어. 도대체 J기자가 누굴까?"

아이들은 하루 종일 소진이와 율아, 그리고 J기자에 대한 이야기로 떠들어댔다. 소진이는 아프다는 핑계로 보건실에 가있다가 결국 조퇴를 했다.

정신이 반쯤 나간 듯 창백한 소진이의 얼굴을 보며 태준이는 또 마음 한 구석이 쿡쿡거렸다.

소진이뿐만이 아니었다. 주은이도, 텅 빈 율아의 빈자리를 볼 때도 태준이의 마음은 찔려왔다. 그러면서도 아이들이 J기자를 추켜세울 때마다 어쩐지 어깨가 으쓱해졌다.

이 알 수 없는 마음은 도대체 뭘까?

평소처럼 비밀번호를 누르고 집에 들어온 태준이는 깜짝 놀랐다. 삼촌이 컴퓨터 앞에 앉아 있었기 때문이다.

"삼촌, 출근 안 했어?"

태준이의 말을 못 들은 건지 삼촌은 여전히 컴퓨터 모니터만 쳐다보고 있었다.

삼촌을 따라 저절로 모니터에 눈이 간 태준이는 깜짝 놀라고 말았다. 삼촌이 넋을 놓고 바라보고 있는 건 바로 J기자의 학급 뉴스 블로그였기 때문이다.

"삼촌?"

"태준아. 이거 어제 우리가 본 그 사고 맞지? J기자의 학급 뉴스 이거 너희 반 뉴스 블로그 맞지?"

태준이는 놀란 눈으로 삼촌을 바라보았다. 분명 지원이에게 J기자의 학급 뉴스를 이어받게 된 날, 삼촌에게 말했는데 삼촌은 기억하지 못하는 눈치였다.

이 기사를 작성한 사람이 나라는 걸 삼촌은 정말 모르는 걸까?

"삼촌이 그 블로그를 어떻게 알아?"

"짜식. 네가 켜놓고 그대로 학교 갔다 왔잖아."

"아, 그랬나?"

태준이는 머리를 긁적였다.

진짜 기자인 삼촌이 자신의 기사를 본다면 분명 한 소리 하겠지? 가짜 뉴스, 헛소문이라고 혼을 낼 지도 몰라.

태준이는 율아가 했던 말을 다시 한번 곱씹었다. 그런데 삼촌의 입에서 나온 다음 말은 전혀 뜻밖이었다.

"이거 어린 녀석이 대단한 걸? 벌써 조회 수가 300이 넘었어. 댓글도 어마어마하고. 특종이 뭔지 아는 녀석이야. 너 J기자가 누군지 아니?"

"어? 그, 글쎄…."

태준이는 다시 한번 머리를 긁적였다. 기분이 묘했다.

이딴 쓰레기도 기사라고 써 제꼈냐고 할 줄 알았던 삼촌은 특종에 대해 제대로 알고 있다며 극찬했다.

사람들의 신뢰를 받을 수 있는 진실한 기사를 쓰겠다던 삼촌은 어느샌가 특종만을 외치고 있었다.

"내가 이 블로그를 쭉 봤는데 말야. 너 소진이라는 아이

얘기 잘 알고 있니? 너희 반 애잖아."

삼촌의 질문에 태준이의 어깨는 한없이 높아졌다. 우쭐해진 태준이가 한 번 더 확인하듯 물었다.

"삼촌, 정말 이 J기자가 대단하다고 생각해?"

"그래. 사람들이 뭘 궁금해 하고 뭘 보고 싶어 하는지 딱 안다니까. 우리 국장님이 보시면 엄청 좋아할 거다."

"사실은 말이야. 그 J기자가 바로 나야."

삼촌의 눈이 휘둥그레지는 동시에 태준이의 입가에 미소가 지어졌다.

10. 거짓말이 쏘아 올린 공

이틀이 지났다.

태준이를 붙들고 이것저것 묻던 삼촌은 방송국에 간다고 집을 나선 후, 아직 돌아오지 않았다. 다리에 금이 갔다는 율아도 여전히 입원 중이었다.

소진이는 아프다고 조퇴한 후 다음날까지 결석을 하더니 이틀 만에 핼쑥한 얼굴로 나왔다. 여전히 아이들은 소진이에 대해 쑥덕거렸고 J기자의 뉴스를 기다렸다.

연일 소진이에 대한 기사를 터뜨리던 태준이는 쉽사리 후속기사를 내지 못하고 있었다. 비어 있는 율아의 자리가 신경 쓰였고 창백한 얼굴로 엎드려만 있는 소진이가 걱정되었다. 더 강력한 기사를 써야한다는 압박감도 태준이를 짓눌렀다.

'완전 특종! 이거 임소진 기사 맞지? J기자 뉴스 블로그 내용이 진짜 인터넷 기사까지 올라왔어.'

블로그 창을 열고 어떤 기사를 쓸지 고민하던 태준이의 눈에 새로운 댓글이 눈에 띄었다. 댓글에는 인터넷 주소가 링크되어 있었고 태준이는 자연스레 클릭했다.
그러자 태준이의 눈이 휘둥그레졌고 심장이 마구 요동치기 시작했다.

'충격 초등생의 학교폭력 실태! 자신의 이성교제를 학급에 알린 같은 반 친구를 늦은 밤 공원으로 유인하여 달리는 차로 밀어버린 L양.
부모 몰래 이성교제를 하던 5학년 L양은 자신의 교제 사실을 같은 학급 친구인 J양이 소문내자 이에 분노하여 앙심을 품고 J

양을 밤늦은 시간 공원으로 유인했다.
 말다툼을 하던 중, L양은 달리는 차를 보고는 그대로 J양을 밀어 차에 치이게 했다. 다리가 골절된 J양은 현재 병원에 입원 치료 중이다.'

 기사를 읽던 태준이는 기사 밑 부분에 올라온 기자의 이름을 보고 한 번 더 충격을 받았다.
 이종석, 바로 삼촌의 이름이었기 때문이다. 이틀 전, 수첩에 열심히 적어가며 꼬치꼬치 태준이에게 소진이 이야기를 묻던 삼촌이 이 내용을 진짜 기사로 쓸 거란 상상은 하지도 못했다.
 심지어 삼촌의 기사는 태준이가 쓴 거짓 기사에 거짓을 더 보태고 있었다. 그 밑에 댓글은 어마어마했다.

'요즘 초등생들 무섭다.'
'저 L양이란 여자애, 살인미수 적용해야 한다. 미래의 살인자!'
'이거 우리 학교 이야기인데. 그림초등학교.'

그 밑으로 줄줄이 소진이의 신상이 댓글로 달려 있었다. 그림초등학교 5학년 3반부터 어느 동네에 사는지, 작년에 친구들과의 관계는 어땠는지, 하다못해 소진이 아빠가 운영하는 동네 빵집 이름까지 죄다 적혀 있었다.

소문은 소문을 부른다더니 율아와 지석이 이야기는 물론, 삼각관계라느니 질 나쁜 중학생 언니들과 어울린다느니 하는 말도 안 되는 얘기까지도 도배되어 있었다.

'이, 이런… 이건 다 거짓말인데….'

태준이는 얼른 삼촌에게 전화를 걸었다. 통화 연결음이 한참이나 울리고 나서야 삼촌의 목소리가 들렸다.

"삼촌! 삼촌이 낸 기사 말이야…."

"어, 태준아. 삼촌 지금 바쁘니까 나중에 통화하자."

삼촌은 태준이가 말도 제대로 하기 전에 끊어 버렸다. 그 누구보다 더 다정하고 가까웠던 삼촌이 갑자기 멀게만 느껴졌다. 태준이는 손톱을 잘근잘근 씹다가 댓글을 달기 시작했다.

'이건 다 모함이다. 실수로 일어난 사고일 뿐이다. 제대로 확인도 안 해보고 이런 기사를 쓰다니 엉터리야.'

마치 삼촌에게 말하듯, 아니 자기 자신에게 말하듯 태준이는 이렇게 써댔다. 하지만 태준이의 댓글은 물밀 듯 밀려오는 댓글들로 금세 묻히고 말았다.

머리가 복잡해진 태준이는 컴퓨터를 꺼버렸다. 에라 모르겠다. 침대에 벌러덩 누워 이제 어떻게 될 것인지를 생각해 보았다.

"태준아! 태준아, 일어나 봐."

깜빡 잠이 든 걸까? 태준이는 아빠 목소리에 눈을 떴다. 시계를 보니 8시가 채 되지 않았다.

"아빠? 아빠가 웬일로 이 시간에?"

"이 녀석. 너 학교 안 가? 지금 아침이야. 아침!"

"아침이라고요?"

"어제 아빠가 집에 와도 세상 모르고 자더니 그대로 쭉 자버린 거야? 얼른 일어나서 학교 가야지."

그러고 보니 J기자의 뉴스 블로그를 맡은 후로 태준이는 늘 밤늦게나 잠이 들었다. 그마저도 댓글을 확인하느라 새벽에 깨는 일도 종종 있었다.

어제 잠깐 눕는다는 게 아침까지 자 버리다니. 다시 삼촌의 기사가 떠올랐다. 정말 이 기사 그대로 나가도 괜찮은 걸까?

태준이가 교문에 들어서면서부터 학교 아이들은 소진이 이야기로 떠들썩했다. 이제 5학년 3반뿐 아니라 전교생이 다 아는 이야기가 되어 버린 것이다. 소진이는 이 아이 저 아이 할 것 없이 학교 전체를, 아니 우리나라 전체를 둥둥 떠돌아다니며 매를 맞고 있었다.

"너도 그 기사 봤지? 신문사 기사야. 나 사실 J기자 기사, 반은 믿고 반은 안 믿었는데 이거 진짜 모조리 다 사실인가 봐."

"소진이가 그 정도로 악랄한 애는 아니었는데 어쩌다 그렇게 된 걸까?"

"너무 무섭다. 살인미수라니."

"그럼 경찰서 끌려가는 거야?"

그때 선생님이 들어왔다. 선생님도 이미 기사를 보았는지 표정이 어두웠다. 태준이는 소진이와 율아의 빈 자리를 차례로 바라보며 한숨을 쉬었다.

4교시가 끝날 무렵, 멍하니 창밖을 바라보던 태준이는 눈을 비볐다.

응? 운동장을 가로질러 걸어오고 있는 사람은 분명 삼촌이었다. 검은 양복을 차려입은 삼촌이 바쁜 걸음으로 학교 안으로 들어오고 있었다. 때마침 점심 시간을 알리는 종이 울렸다.

"자, 그럼 점심 맛있게 먹고!"

선생님이 웃으며 인사를 하는데 교실 앞문이 드르륵 열렸다.

"김 선생님! 빨리 교장실로 오세요."

다급하게 선생님을 부른 사람은 교감 선생님이었다. 선생님은 교감 선생님 뒤를 따라 후다닥 나가 버렸다.

'삼촌이 왜?'

태준이는 급식실 대신 운동장으로 내려가 보았다. 막 1층 계단을 내려서는데 교장실로 들어가는 삼촌의 뒷모습을 보았다.

'설마 삼촌도?'

태준이는 숨을 죽이고 주변을 둘러본 뒤 교장실 창문에

바짝 붙었다.

교장실에는 교장, 교감 선생님과 담임 선생님, 그리고 부부로 보이는 어떤 아줌마, 아저씨가 서 있었다. 아줌마와 아저씨는 화가 잔뜩 난 표정이었다.

"당신이에요? 이 기사 쓴 사람이?"

아줌마는 삼촌을 보자마자 다짜고짜 삿대질을 했다.

"소진이 어머님, 일단 진정부터 하시고요."

교감 선생님이 아줌마를 말렸다. 그러고 보니 아줌마의 얼굴이 소진이와 닮아 보였다.

"이딴 말도 안 되는 기사를 올리고도 당신이 기자예요?"

소진이 엄마의 성난 목소리에도 삼촌은 별로 기가 죽은 것 같지 않았다.

"어머님, 도대체 무엇 때문에 이러시는지는 모르겠지만 제 기사가 따님 얘기라고 한 적은 없는데요?"

"뭐, 뭐라고요?"

"기사를 보면 아시겠지만 저는 학교 이름도, 학생 이름도 그 어떤 실명도 거론한 적이 없습니다. 혹시 정말 이

기사가 따님 이야기라고 생각하시는 건가요?"

침착한 표정으로 삼촌이 되묻자 소진이 엄마는 곧 뒤로 넘어갈 지경이었다.

"그럼 이 기사가 어느 학교 이야기인 겁니까?"

담임 선생님이 묻자 삼촌이 엷은 미소를 띠며 말했다.

"그건 말하기 곤란합니다. 한 초등학생의 제보로 취재한 기사라는 것만 말씀드리죠."

"당신! 5학년 3반 학급 뉴스 블로그 보고 쓴 기사잖아! J기자의 뉴스 블로그! 안 그래요?"

이번에는 소진이 아빠가 버럭 소리쳤다. 그 소리에 태준이의 가슴이 철렁했다.

"아무튼 제 기사에는 그림초등학교도 따님 이름도 전혀 언급되지 않았습니다. 그러니 제가 이 자리에서 이런 변명을 할 이유도 없겠지요."

삼촌의 말에 소진이 엄마가 언성을 높였다.

"당신, 허위사실 유포에 명예 훼손으로 고소할 거야!"

"어머님. 저는 허위사실도, 명예 훼손도 하지 않았습니다."

"그럼 그 기사가 어디 학교 이야기란 말입니까?"

선생님의 말에 삼촌은 입을 다물었다.

"요즘 기자들이 그저 특종만 잡으려고, 조회 수만 높이려고 가짜 뉴스나 지어내고. 참, 언론이 뭐고 기자가 뭔지 알지도 못하고… 쯧쯧."

교장 선생님은 삼촌을 보고 혀를 끌끌 찼다. 그러거나 말거나 삼촌은 더 이상 할 말이 없다며 발길을 돌렸다. 몰래 교장실을 엿보던 태준이는 황급히 몸을 숨겼다.

삼촌은 태준이를 보지 못한 듯 어디론가 전화를 걸며 복도를 나섰다. 태준이가 몰래 뒤따라 오고 있다는 것도 눈치 채지 못했다.

"국장님, 네, 처리했습니다. 국장님께서 시키시는 대로 그대로 했습니다. 네네. 그런데 국장님, 정말 이래도 되는 걸까요? 아, 네. 아닙니다. 네, 곧 들어가겠습니다."

삼촌은 찜찜한 표정으로 전화를 끊고 한숨을 쉬었다. 그러곤 다시 빠른 걸음으로 학교를 빠져나갔다.

그 모습을 지켜본 태준이의 머릿속은 복잡해졌다. 언제

나 당당하고 멋지던 삼촌의 모습 대신 초라하고 비겁한 삼촌이 보였다.

그리고 삼촌의 그 볼썽사나운 모습이 곧 자기 자신의 모습이란 생각이 들자 견딜 수 없을 만큼 부끄러움이 밀려왔다.

11. 우상의 추락

괴로운 마음으로 교실로 향하던 태준이의 눈앞에 담임 선생님이 보였다.

"태준아. 밥 안 먹고 여기서 뭐해?"

"네? 네… 저…."

"무슨 할 말 있니?"

"그게… 저…."

태준이는 침을 꿀꺽 삼켰다. '아까 그 기자가 제 삼촌이에요.'라는 말이 목구멍까지 나왔지만 애써 밀어 넣었다.

"율아가 입원한 병원이 어디에요?"

대신 엉뚱한 말이 튀어나왔다.

"태준이가 율아 걱정되나 보구나. 은행 사거리에 초록병원이야. 병문안 가 보게?"

"아니요. 뭐, 그냥…."

태준이는 머리를 긁적이다 꾸벅 인사하고 돌아섰다. 율아랑은 친하지도 않은데 병문안이라니 뭔가 어색했다. 아니, 그보다 율아를 다치게 한 근본적인 원인 제공자로서 병 주고 약 주는 것도 아니고 병문안을 갈 자격이 있나 싶었다.

하지만 결국 태준이는 병원 앞까지 오고 말았다. 원무과에 물어 율아가 입원한 병실 앞까지 왔지만 쉽게 병실 안으로 들어갈 수 없었다. 그때였다.

"이태준?"

태준이는 자신을 부르는 목소리에 깜짝 놀라 뒤돌아보았다. 거기에는 휠체어를 탄 율아가 있었다.

"네가 올 거라고는 상상도 못했어."

"그게… 그냥 지나가던 길에…."

"와줘서 고마워."

생각지 않게 율아는 방긋 웃어 주었다. 율아의 미소에 태준이의 마음은 다시금 쿡쿡거렸다.

"학교는 어때?"

율아가 주스를 내밀며 물었다.

"그게 좀…."

"너도 인터넷 기사 봤지? 나랑 소진이 이야기. 진짜 뉴스에까지 나왔잖아."

태준이는 아무 말 없이 주스를 쭉 빨았다. 율아는 어두운 표정으로 말을 이었다.

"정말 우습지? 정말 말도 안 되는 이야기를 갖다 붙여서 눈덩이처럼 키웠어. J기자 블로그까지는 초등학생 장난질이라 생각하고 넘기려 했는데 진짜 기사까지 나오다니. 어이가 없다. 이제 어쩌지?"

태준이에게 묻는 율아의 목소리가 촉촉했다.

"하, 하지만 소진이가 널 불러낸 건 사실이고. 널 민 것도 사실이잖아."

"뭐? 아니야. 소진이가 날 불러낸 게 아니라 내가 소진이를 부른 거야. 오해가 있는 것 같아서 그걸 풀어보려고. 그러다 사소한 말다툼이 생겼고… 하지만 소진이가 나를 일부러 민 건 절대 아니야. 내가 차에 치인 것도 아니고."

"하지만 네 다리에 금이 갔다며?"

"아, 이거? 이건 차에 치여 그런 게 아니고 내가 발을 잘못 디뎌 차도로 넘어지면서 금 간 거야. 소진이가 민 게 아니라."

"뭐?"

율아의 말에 태준이는 깜짝 놀라 소리쳤다. 분명 내가 봤는데 그럼 내가 잘못 본 거였나?

"어, 어쨌든 결과적으로는 소진이 때문이잖아. 게다가 널 보고 J기자 블로그에 제보했다며 몰아세웠고."

"소진이 때문이 아니라 가짜 뉴스 때문이지. 소진이야말로 최대 피해자야."

"소진이가 정말 널 믿었다면 네가 J기자라고 생각했을까?"

태준이는 자신도 모르는 사이에 소진이를 자꾸만 나쁜 쪽으로 몰아세웠다.

"문제는 소진이가 아니라 가짜 뉴스라니까! 이건 분명히 잘못된 거라는 걸 밝혀야 해."

"그냥 내버려둬도 되잖아. 어차피 너한테 뒤집어 씌웠던 건 소진인데 네가 일부러 밝힐 이유가 뭐야?"

답답하다는 듯 태준이가 율아에게 물었다. 나라면 얄미워서라도 내버려 둘 텐데.

"사실이 아닌 걸 사실인 것처럼 방관하는 것도 일종의 거짓말이니까. 나는 나중에 진실을 알리는 앵커가 되고 싶거든. 너도 그렇지 않아? 태준이 너도 기자가 꿈이라며?"

율아의 질문에 태준이는 얼굴이 빨개졌다. 진실을 알리는 기자가 아니라 거짓을 알리는 기자로서 누구보다 최선을 다하고 있던 자신이 부끄러웠다.

초라하고 비겁해 보이던 삼촌보다 자신이 몇 배는 더 한심하게 느껴졌다. 태준이는 이만 집에 가야겠다며 서둘러 병원을 나섰다. 와줘서 고맙다는 율아의 말에 뒤통수가 뜨끈했다.

"태준아, 여기야!"

저쪽 창가 테이블에서 삼촌이 반갑게 손을 흔들고 있었다. 옆에는 환하게 웃고 있는 아빠의 모습도 보였다. 태준이는 머뭇거리며 걸어가 앉았다.

"갑자기 웬일이야? 여섯 시 반밖에 안됐는데 둘 다 이 시간에…."

어리둥절한 표정으로 태준이가 물었다. 아빠에게 전화를 받고 집 근처 레스토랑으로 나왔는데 뜻밖에 삼촌까지 있었다.

"삼촌이 오늘 신문사에서 특급 칭찬을 받았다잖니. 우리 집 경사니까 축배를 들기 위해 아빠가 특별히 일찍 퇴근했지."

아빠는 대견하다는 듯 삼촌의 어깨를 두드리며 활짝 웃었다. 삼촌도 멋쩍은 표정으로 웃고 있었다. 그런 삼촌이 어쩐지 낯설어 보였다.

"무슨 칭찬인데?"

태준이가 묻자 삼촌 대신 아빠가 입을 열었다.

"이번에 쓴 기사 조회 수가 어마어마하대. 인터넷 기사는 조회 수가 중요하거든. 얼마나 많은 사람들이 클릭해서 읽느냐 이게 관건이지. 그런데 삼촌이 쓴 기사가 하루 만에 엄청난 조회 수를 기록했다지 뭐냐. 국장님께서 직접 삼촌을 불러 칭찬하셨대. 삼촌같은 신입 기자가 국장님한테 칭찬받는 건 쉬운 일이 아니야. 아주 우리 집에 경사 났다!"

아빠는 흐뭇한 표정으로 삼촌을 바라보았다. 싱글벙글한 삼촌의 얼굴을 보니 아까 학교에서의 뻔뻔한 삼촌의 얼굴이 떠올랐다. 태준이는 저절로 얼굴이 찌푸려졌다.

"삼촌, 어떤 기사인데?"

태준이의 물음에 삼촌이 머리를 긁적이며 말했다.

"요즘 문제가 되는 학교 폭력에 관한 기사야."

"그래! 요새 아주 학교 폭력이 문제다, 문제야. 태준이 넌 괜찮은 거지?"

여전히 웃는 얼굴로 아빠가 태준이에게 물었다. 태준이는 아빠의 질문에 대답 대신 삼촌을 보며 말했다.

"그거 정말 정확한 기사 맞아? 나한테 물어본 거 말고 따로 취재하긴 했어?"

태준이의 물음에 삼촌의 얼굴에서 미소가 가셨다.

"그게 무슨 소리냐? 우리 태준이가 삼촌한테 기사 제보한 거야? 야, 우리 집 두 기자들이 이번에 제대로 활약했나 보구나!"

눈치 없는 아빠는 혼자 신이 나서 들떠 있었다. 하지만 삼촌과 태준이 사이에는 묘한 기류가 흘렀다.

"그거야 삼촌이 다 알아서 했지."

"내가 말한 이야기가 정말 다 진실이 맞을까 의심해 본 적은 없어?"

태준이의 말에 삼촌의 표정이 어두워졌다.

"그게 무슨 말이야?"

"J기자의 뉴스 블로그가 100퍼센트 사실일 거라고 어떻게 확신해?"

"그거야 네가 얘기해준 거니까."

"내가 부풀리거나 거짓말을 했을 수도 있잖아."

퍽 하고 풍선이 터지듯 태준이의 입에서 사실이 터져 나왔다. 누구에게도 한번도 얘기하지 못했던 그 말이 나와 버린 것이다.

태준이의 말에 삼촌은 물론 신나서 웃던 아빠까지도 얼

음처럼 굳어 버렸다. 삼촌은 아무런 말이 없었다. 마치 태준이의 거짓말을 알고 있었던 것처럼 크게 놀란 것처럼 보이지도 않았다. 그저 석고상처럼 굳어 있을 뿐이었다.

"그게 무슨 말이야? 그러니까 태준이가 거짓말한 내용을 종석이 네가 그대로 기사를 작성했다 이거야?"

한참 동안 흐르던 정적을 깨고 아빠가 물었다. 그러나 삼촌도 태준이도 아무 말이 없었다. 그때 삼촌의 전화벨이 울렸다.

"여보세요. 네, 제가 이종석인데요. 네?"

삼촌은 당황한 표정으로 전화기를 들고 밖으로 나갔다. 아빠와 태준이만이 어색한 표정으로 앉아 있었다.

"태준아, 아빠는 이게 무슨 상황인지 모르겠다."

아빠의 말에 태준이는 고개를 푹 숙였다.

"죄송해요. 제가 삼촌이랑 얘기를 좀 해보고 정리가 좀 되면 그때 제대로 말씀드릴게요."

태준이의 말에 아빠는 짧은 한숨을 한번 쉰 뒤 태준이의 어깨를 두드렸다.

"그래, 기다리마."

고개를 든 태준이의 눈에 창문 밖에 서서 전화를 받는 삼촌의 모습이 보였다. 어쩔 줄 몰라 하는 삼촌을 보고 태준이는 조금 어리둥절했다. 학교에서도 그렇게 뻔뻔해 보이던 삼촌이 저런 표정을 짓다니 왜 그런 걸까 궁금해졌다.

12. 옥상 위의 초승달

집에 돌아올 때까지 삼촌과 태준이는 아무 말도 없었다. 마트에 들렀다 오겠다는 아빠를 두고 집으로 먼저 돌아온 둘은 현관문 앞에서 멈췄다. 비밀번호를 누르는 대신 누가 먼저랄 것도 없이 복도의 창문을 바라보았다.

손톱처럼 얇은 초승달이 이제 막 어두워지고 있는 하늘에 걸려 있었다. 그때였다.

"어? 삼촌! 저기!"

눈이 왕방울만 해진 태준이가 삼촌을 부르며 손가락으로 맞은 편 아파트 위를 가리켰다.

"초승달 처음 보냐?"

대수롭지 않게 하늘을 보던 삼촌은 태준이의 손끝을 자세히 보고 외마디 비명을 질렀다.

"태준아! 너 지금 빨리 내려가서 경비 아저씨랑 같이 앞 동 옥상으로 올라와!"

이렇게 말한 삼촌은 잽싸게 승강기 버튼을 누른 후 계단으로 뛰어 내려갔다. 태준이는 초조한 마음으로 승강기가 오길 기다렸다. 오늘따라 승강기는 달팽이마냥 느리게 느껴졌다.

옥상 문을 열자 어스름한 저녁, 푸르스름한 하늘이 한눈에 들어왔다. 그 하늘 아래, 옥상 난간 앞에 흔들리는 작은 그림자 하나가 보였다.

"얘! 거기서 뭐하니?"

삼촌은 작지만 또렷한 목소리로 그림자에게 말을 걸었다. 혹시나 놀라서 난간 바깥쪽으로 한걸음 더 옮기지는 않을까 싶은 마음으로 다가서지는 않았다.

삼촌의 목소리에 그림자가 돌아보았다. 옥상 한 켠에 켜진 작은 불빛 하나가 그림자의 얼굴을 비췄다.
 "신경 쓰지 마세요."
 푸르스름한 어둠 사이로 눈물범벅인 여자아이의 얼굴이 보였다. 여자아이의 목소리에도 울음이 섞여 있었다.
 "나쁜 생각 하지 말고 이쪽으로 올래?"
 삼촌은 침착한 목소리로 손을 내밀었다. 여자아이는 그런 삼촌의 모습을 가만히 바라보고만 있었다.
 "아니면 내가 가도 될까?"
 삼촌은 조심스레 한 발, 한 발, 여자아이 쪽으로 내딛었다. 다행히 여자애는 그런 삼촌을

가만히 바라보고 있을 뿐이었다. 그렇게 삼촌은 아이 가까이까지 다가갔다.

"이 시간에 옥상에서 뭐하니?"

삼촌이 다정하게 묻자 여자애는 한참 만에 입을 열었다.

"무슨 상관이세요?"

"위험하니까. 어두운데 옥상에 있으면 위험하잖아."

"위험한 짓 안 하니까 걱정 말고 가세요."

아이는 그렇게 말하고 휙 돌아섰다.

"무슨 일 있니? 힘들어?"

삼촌의 이 말에 갑자기 아이는 와락 울음을 터뜨렸다. 펑펑 울고 있는 아이에게 삼촌은 가만히 다가가 어깨를 토닥여 주었다. 아무 말 없이 한참 동안 아이는 삼촌에게 기대어 울었다. 조금씩 울음이 잦아들었다.

"춥지 않아? 이제 내려갈래?"

삼촌의 따뜻한 한 마디에 아이는 고개를 끄덕였다. 그렇게 아이의 손을 잡고 삼촌이 발길을 문으로 돌리는데 옥상 문이 벌컥 열렸다. 태준이와 경비 아저씨였다.

"무슨 일입니까? 너 이 녀석, 누가 옥상을 올라와? 겁도 없이!"

경비 아저씨는 아이를 보고 대번에 소리쳤다. 아이가 삼촌 뒤로 숨어 버리자 삼촌이 다독였다.

"아무 것도 아니에요, 아저씨. 죄송합니다, 얼른 내려갈게요."

삼촌은 아이의 손을 잡고 옥상을 나왔다. 그러나 태준이는 아이를 보고 몸이 얼음처럼 굳어 움직일 수 없었다.

"태준아, 안 가고 뭐해?"

삼촌의 말에 아이가 고개를 들어 태준이를 보았다. 눈이 마주친 두 사람은 그대로 얼어버렸다.

"이태준…"

여자애는 바로 소진이었다. 눈물범벅으로 퉁퉁 부은 얼굴은 소진이가 틀림없었다. 태준이를 알아본 소진이 역시 당황한 눈빛이었다.

"우리 태준이를 알아?"

아무것도 모르는 삼촌이 반가운 듯 소진이에게 물었다.

"일단 집에 데려다 줄게. 몇 층이니?"

소진이는 태준이를 의식했지만 삼촌의 손에 이끌려 비

상구 계단으로 향했다. 머리가 복잡해진 태준이 역시 아무 말 없이 그 뒤를 따랐다.

702호 앞에서 소진이가 벨을 누르자 기다렸다는 듯 문이 열렸다.

"소진아! 어딜 갔다 오는 거야? 엄마가 얼마나 걱정했는데…."

소진이 엄마가 소진이를 보자마자 껴안으며 말했다. 그러나 바로 옆에 서 있는 삼촌을 보자마자 낯빛이 싹 바뀌었다.

"뭐예요? 우리 애까지 찾아와서 또 취재한 거예요? 뭐 이런 인간이 다 있어!"

"어머님, 그게 아니라…."

"한 번 더 우리 애한테 접근하거나 그딴 쓰레기 기사 써서 올리기만 해 봐요. 내가 당신이랑 신문사 상대로 고소해 버릴 거니까!"

소진이 엄마는 버럭 소리를 지른 뒤 소진이를 데리고 들어가 버렸다.

쾅 하고 울리는 현관문 소리가 마치 삼촌과 태준이를 때리는 소리처럼 아프게 느껴졌다. 닫힌 문 앞에서 태준이와 삼촌만이 멍한 표정으로 서 있었다.

 삼촌과 태준이는 집 앞 긴 의자에 나란히 앉았다. 누가 먼저랄 것도 없었다. 이대로 집에 들어갈 순 없었다.
 "쟤가 소진이니?"
 "응."
 삼촌의 표정은 복잡해 보였다.
 "삼촌. 내가 쓴 블로그 기사 말이야. 그거 다 거짓말이야. 미안해. 물론 어떤 부분은 사실인 것도 있지만 내가 많이 부풀려서 거짓으로 쓴 게 더 많아."
 "알아."
 "안다고?"
 태준이는 놀란 눈으로 삼촌을 바라보며 되물었다. 힘들게 털어놓은 말인데 삼촌이 마치 기다렸다는 듯 안다고 대답했으니 말이다.
 "모두 다 사실일 거라고는 생각 안 했어."
 "그런데도 기사로 썼단 말이야?"

태준이의 눈을 보고 삼촌은 시선을 아래로 내리깔았다.

"듣는데 재미있더라고. 이거다 싶더라. 이 정도면 국장님이 좋아하시겠다. 아니, 조회 수 좀 올리겠다 싶었어. 그래서 더 취재 안하고 그냥 올렸어."

"그게 말이 돼? 삼촌은 진짜 기자잖아."

"그러게. 그런 말도 안 되는 짓을 내가 벌였네."

삼촌의 말이 가늘게 떨렸다.

"아까 말이야. 율아라는 애한테 전화가 왔었어. 너희 반장 율아. 소진이가 밀었다는 그 애."

"뭐?"

"내가 쓴 기사가 잘못됐다고 정정 기사 내달라더라. 그렇지 않으면 자기가 직접 글 올리겠다고. 기자로서 부끄럽지 않냐고 묻는데 사실 정말 창피했어. 그리고 아까 그 아이가 소진이란 거 알았을 때 도대체 내가 무슨 짓을 한 건가 싶더라고."

나직히 읊조리는 삼촌의 눈에 눈물이 맺혔다. 그 눈물을 보니 태준이는 더 울고 싶어졌다.

"이제 어떡하지."

태준이가 울먹이며 말하자 삼촌은 고개를 들어 태준이를 바라보았다. 그런 삼촌의 눈빛은 모처럼 따뜻해 보였다.
"뭘 어떡해. 우리, 어떻게 해야 할지 잘 알고 있잖아."
 삼촌은 태준이의 머리를 쓰다듬으며 슬픈 얼굴로 미소 지었다. 그 미소에 여태껏 쿡쿡 찔리던 마음이 조금 풀리는 느낌이었다.

13. J기자의 고백

그날 밤 태준이는 컴퓨터 앞에 앉았다. 삼십 분이 넘는 시간 동안 한 글자도 치지 못한 채 모니터만 바라보았다. 새로운 기사를 쓰기 위해서였다. 그러나 선뜻 키보드를 칠 수 없었다.

"태준아, 넌 나처럼 창피하게 살지 마."

아까 삼촌이 했던 말이 떠올랐다. 망설이던 태준이는 떨리는 손가락으로 한 글자 한 글자 자판을 치기 시작했다.

J기자의 실체를 공개합니다.

5학년 3반 비공식 학급 뉴스 기사를 올리며 많은 사랑을 받았던 1대 J기자에 이어 현재 활동 중인 2대 J기자는 1대와는 달리 거짓되고 과장된 허위 기사를 올리며 학급 분위기를 어지럽혔습니다.

　이런 가짜 뉴스에 희생된 학생이 속출했고 급기야 가짜 뉴스는 진짜 언론에까지 노출되며 같은 반 학생 임소진 양에게 막대한 피해를 입혔습니다.

　J기자의 용의자로 의심받던 장율아 양의 휴대폰을 몰래 훔쳐보고 멋대로 상상하여 자극적인 뉴스를 올린 2대 J기자는 바로 5학년 3반 이태준입니다.

　저 이태준은 임소진과 장율아, 그리고 5학년 3반 모두에게 이를 고백하고 죄를 달게 받겠습니다. 죄송합니다.

　덜덜 떨리는 손으로 글을 올리자마자 태준이는 이불을 뒤집어쓰고 누웠다. 주말이 지나고 월요일이 되면 이제 학교를 어떻게 가야하나 막막했다.

　내가 가짜 뉴스를 올린 후 주은이나 소진이가 이런 기분이었겠지 싶은 생각이 들자 미안한 마음에 눈물이 났다.

왜 이런 짓을 벌인 걸까. 어쩌다 이렇게까지 된 걸까.

일요일 오후까지 태준이는 컴퓨터를 켜지 않았다. 쏟아지는 비난을 감당할 자신이 없었기 때문이다.

침대에 누워 천장만 바라보던 태준이는 딩동 하는 휴대폰 메시지 알림음에 몸을 일으켰다.

책상에 놓인 휴대폰을 집어든 순간, 태준이의 손이 바르르 떨렸다. '지금 병원으로 좀 올래?' 율아가 보낸 메시지였다.

율아가 뉴스 블로그를 봤구나 싶어 심장이 마구 요동쳤다.

율아의 병실 앞에 다가서자 태준이의 몸이 벌벌 떨렸다.

"안 들어가고 뭐해?"

율아의 목소리에 태준이는 소스라치게 놀라 하마터면 앞으로 고꾸라질 뻔 했다. 바로 뒤에서 율아가 서 있었다.

병원 정원에는 붉은 장미꽃이 막 피어나고 있었다. 율아는 휠체어에 앉아 그 장미꽃들을 바라보았다. 그 옆 긴 의자에는 고개를 푹 숙인 태준이가 앉아 있었다.

"너 생각보다 무서운 애였더라?"

한참만의 침묵을 깨고 율아가 입을 열었다. 하지만 태준이는 아무 말도 할 수가 없었다.

"처음 주은이 얘기가 J기자 블로그에 올라왔을 때 혹시 네가 J기자는 아닐까 의심했었어. 너, 그날 내 휴대폰 들고 있었잖아."

담담히 이야기를 하는 율아의 눈을 차마 볼 수 없어 태준이의 고개는 자꾸만 더 수그러졌다.

"그런데 넌 아닐 거라고 생각했어. 넌 진실하고 올바른 뉴스를 전하는 기자가 되는 게 꿈이라고 했잖아."

율아의 말에 태준이는 귀까지 빨개졌다. 율아가 내 꿈을 기억하고 있었다니 믿을 수 없었다. 하지만 그것보다 진실하고 올바른 뉴스라는 말이 아프게 태준이의 가슴을 찔렀다.

"내가 사고당한 날, 네 얼굴 봤어. 길 건너에서 네가 다 보고 있었다는 것도 알아."

태준이는 더 이상 율아의 이야기를 듣고 있을 수 없었다. 너무나 창피하고 부끄러워서 어디든 숨고 싶었다. 아니, 울고 싶었다. 도대체 내가 왜 그런 짓을 벌였을까.

"며칠 전 네가 병원에 왔을 때 날 봤다는 말 안 하는 거 보고 J기자라는 걸 확신했어. J기자가 아니라면 날 봤다고 했을 테니까. 게다가 너, J기자 편까지 들었잖아."

"미안해."

"내가 소진이 기사를 쓴 신문사 기자한테 전화를 걸었거든. 어떻게 사실 확인 한번 제대로 안 하고 글을 쓰냐고. 그랬더니 우리

학교 얘기라고 한 적은 없다면서 딱 잡아떼는 거야. 무슨 상관이냐고."

분개하는 율아의 말을 들으며 태준이는 교장실에서 뻔뻔한 얼굴로 잡아떼던 삼촌이 떠올랐다.

"그러고는 어제 보니까 그 기사를 슬그머니 내렸더라고. 사과나 정정기사 하나 없이. 기사 하나로 한 사람의 인생을 쥐락펴락하는 힘을 가졌으면서 그렇게 책임감 없이 아니면 말고 식으로 일단 쓰고 보다니. 정말 실망스럽더라."

율아는 한숨을 푹 내쉬었다.

"미안해. 내가, 내가 정말 미안해."

울음을 토하듯 태준이가 입을 열었다. 자기도 모르는 사이에 눈물이 쏟아졌다. 아니, 태준이는 율아 앞에서 그만 엉엉 울고 말았다. 바보같이, 뭘 잘했다고.

한참을 울고 나서야 조금씩 진정이 되기 시작했다. 그때까지 아무 말 없이 율아는 옆에 앉아 있었다.

"태준이 네가 한 짓이 얼마나 무서운 건지 알아? 네가 엉터리로 갈겨쓴 기사 때문에 소진이는 지금 지옥에서 살고 있을 거야. 소진이뿐 아니라 주은이랑 네가 기사로 쓴 다른 아이들까지도. 사람들은 자극적이고 재미있는 기사에는 열광하면서도 그게 사실인지 거짓인지에는 관심이 없어. 나중에 잘못되었다고 정정 보도를 내더라도 이미 그 기사는 관심을 잃어서 힘이 없다고. 이건 그냥 미안하다고 끝낼 일이 아니야."

"미안해. 네가 내 사과를 받아줄 거란 생각은 안 해. 아니, 못 해. 너도 소진이도 우리 반 아이들 모두. 정정 기사에는 모두 관심이 없겠지만 그래도 밝혀야했어. 미안해. 너무 늦었지만 미안해. 잘못한 만큼 벌 받을게."

태준이는 눈물을 닦으며 일어섰다. 다리가 후들거렸지만 애써 아무렇지 않은 척 발걸음을 돌렸다. 집으로 가는 길이 멀게만 느껴졌다.

이제야 율아와 가까워졌는데 다시 멀어진 느낌이었다. 아니, 전보다 더 멀어지고 말았다. 최소한 예전에는 존재감이 없었을 뿐 미워하지는 않았을 테니까.

아파트 입구에 들어선 태준이의 눈에 낯익은 모습이 들어왔다. 긴 의자에 고개를 숙이고 앉아 있는 사람은 다름 아닌 삼촌이었다.

"삼촌?"

삼촌을 부르려던 태준이는 깜짝 놀랐다. 고개 숙인 삼촌의 어깨가 들썩거리고 있었기 때문이다. 삼촌이 울고 있었다. 다 큰 어른인 삼촌이 울고 있었다.

늘 씩씩한 삼촌이 우는 모습은 처음 보았다. 삼촌이 우는 모습을 보는 태준이의 눈에 다시 눈물이 쏟아졌다.

14. 책임감의 무게

고개를 든 삼촌과 태준이의 눈이 마주쳤다. 눈물범벅인 두 사람은 서로를 바라보며 멋쩍은 얼굴로 눈물을 닦았다.

"넌 길에서 왜 울고 그러냐?"

삼촌이 먼저 핀잔을 줬다.

"그런 삼촌은?"

태준이가 받아치자 삼촌은 픽 하고 쓴 웃음을 지었다. 그렇게 둘은 나란히 앉았다.

"어디 갔다와?"

"율아가 보자고 해서. 삼촌은?"

"소진이 집에 다녀오는 길이야."

"소진이한테?"

태준이가 눈을 동그랗게 뜨고 삼촌을 바라보았다.

"가서 뭐했는데?"

태준이의 질문에 삼촌은 머리를 긁적이며 말했다.

"빌었어. 잘못했다고."

"뭐?"

"태준이 네가 뉴스 블로그에 올린 글 봤어. 열두 살짜리 조카도 반성하고 사죄하는데 스물 여섯이나 먹은 삼촌이 입 닫고 넘어가는 게 창피하더라. 사실 율아라는 애한테 항의 전화가 왔을 때 국장님께 정정 기사 내겠다고 말씀드렸는데 그냥 넘어가라고 하시는 거야. 그런 건 아무도 안 궁금해 한다고. 분란 일어날 거 같으면 기사 내리면 그만이라고. 그런데 태준이 네 글을 보고 너무 창피하고 부끄럽더라. 그래서 아까 소진이 집에 다녀왔어. 소진이한테 가짜 뉴스 올린 거 미안하다고 무릎 꿇고 빌었어."

"삼촌… 나 때문에…."

태준이가 울먹이자 삼촌이 손사래를 쳤다.

 "무슨 소리야! 태준이 너 때문이 아니라 나 때문이지. 삼촌이란 사람이 어린 조카가 잘못된 길을 가면 바로잡아주진 못할망정 한술 더 떠서. 삼촌이 미안해."

 삼촌은 태준이의 어깨를 감싸며 말을 이었다.

 "태준아. 너는 나 같은 엉터리 기자가 되지 마. 너한테는 아직 기회가 있어. 너는 원래의 꿈처럼 진실하고 올바른 뉴스를 전하는 기자가 돼."

 "아냐, 삼촌. 난 끝났어. 난 이제 기자 안 할 거야. 그럴 자격도 없어."

 태준이는 삼촌 품에 안겨 엉엉 울어 버렸다. 태준이를 와락 끌어안은 삼촌의 눈에서도 다시 눈물이 새어 나왔다.

 월요일 아침 등굣길은 지옥으로 가는 길처럼 두렵고 막막했다. 태준이의 그 마음을 아는지 삼촌은 학교 앞까지 태준이를 데려다 주었다.

 "태준아, 힘내. 잘못한 걸 되돌릴 수는 없지만 잘못을 인정하고 앞으로 똑같은 짓 되풀이하지 않으면 되는 거야.

물론 잘못한 댓가는 크게 치르겠지만 삼촌은 그래도 항상 네 편이다."

삼촌이 태준이의 등을 두드렸다. 태준이는 고개를 끄덕하고 교문을 들어섰다.

심호흡을 한번 한 후, 태준이는 교실 문을 열었다. 반 아이들의 눈이 일제히 태준이를 향했다.

"뻔뻔하긴."

"저러니 친구가 없지. 정말 끔찍하다."

"살인자는 소진이가 아니라 이태준 쟤 아냐?"

아이들은 태준이가 들으란 듯이 대놓고 비난했다. 태준이는 고개를 푹 숙인 채 말이 없었다. 주은이와 소진이 마음이 이랬겠지 싶었다.

율아가 퇴원을 했는지 자리에 앉아 있었다. 다리에는 여전히 깁스를 하고 있었다. 그토록 앉고 싶었던 율아의 옆자리였는데 지금은 율아가 옆에 있다는 게 더 괴로웠.

율아 역시 태준이를 모른 척했다.

그날 태준이는 몇 번이나 조퇴하고 싶은 마음이 들었지

만 꾹 참고 견뎠다. 더 이상 비겁하게 피할 수는 없었기 때문이다.

숨 막힐 듯한 학교가 끝나자마자 태준이는 가방을 들고 제일 먼저 교실을 빠져나왔다. 막 교실 문을 나올 때였다. 어디선가 날아온 실내화 한 짝이 태준이의 뒤통수를 갈겼다.

"아얏!"

태준이는 자신도 모르게 비명을 지르며 무릎을 꿇었다. 그 앞에 지석이와 세린이를 비롯한 반 아이들이 팔짱을 끼고 서있었다. 지석이가 태준이 뒤에 떨어진 실내화를 주워 신으며 말했다.

"한심한 왕따인 줄만 알았더니 쓰레기 기사나 끼적이는 악질이었잖아."

"너 같은 저질은 처음 본다. 네 까짓 게 J기자? 주제에 어울리지 않은 짓을 하니 이 모양이지. 이제 어쩔 거야? 너 때문에 망친 주은이랑 내 우정, 어쩔 거냐고?"

세린이가 거들자 지석이는 태준이를 잡아먹을 듯 노려보며 쏘아부쳤다.

"소진이 인생은? 너 때문에 지금 소진이가 어떤 상황인지나 알아?"

주변 아이들도 덩달아 거들며 태준이를 욕했다. 태준이는 무릎을 꿇은 채로 고개를 숙였다.

"미안해. 미안해, 정말."

"미안하다면 다야? 이 나쁜 자식."

지석이가 주먹을 높이 쳐들자 태준이는 눈을 감았다.

그때였다.

"그만해!"

날카로운 목소리로 태준이를 구한 것은 바로 율아였다. 율아의 목소리를 들은 태준이는 깜짝 놀랐지만 차마 고개를 들 순 없었다.

"하지만 율아야, 너도 피해자잖아."

세린이가 이해할 수 없다는 듯 되물었다.

"맞아. 그런데 말이야. 저렇게 잘못을 뉘우치고 비는 애한테 주먹질한다고 뭐가 달라지니? 이태준이 끔찍한 잘못을 한 건 사실이지만 세린이 넌, 쟤가 잘못을 고백한 후 주은이한테 사과했어? J기자의 블로그만 믿고 주은이에게 변명할 기회조차 주지 않은 건 너잖아. 그게 진짜 우정이니?"

율아의 말에 세린이의 얼굴이 빨개졌다.

"너 지금 무슨 소릴 하는 거야? 저런 쓰레기 녀석을 편들다니?"

지석이가 율아에게 소리를 질렀지만 율아는 얼굴색 하나 변하지 않고 지석이에게 말했다.

"편을 드는 게 아니라, 너희들에게 묻는 거야. J기자가 쓰레기 기사를 올리는 동안 좋아서 손뼉치던 거, 다 너희들 아니었어? 무조건적으로 믿지 말고 그 기사가 정말 사실인지 한 번쯤 의심해 봤어야지. 지석이 너, 소진이를 그렇게 걱정하면서 정작 소진이가 힘들어할 때 한번이라도 소진이 편에 서준 적 있었어?"

율아가 다그치자 지석이는 우물쭈물하며 한발 물러섰다.

"너희 다 똑같잖아. 엉터리 가짜 뉴스를 쓴 이태준이 제일 잘못했지만 무비판적으로 받아들이고 좋아했던 너희가 이태준을 비난할 자격이 있니?"

율아는 이렇게 말하고는 목발을 짚고 절뚝이며 교실을 나갔다.

아무도 말을 하지 않았다. 그때까지 고개를 숙인 채 무릎을 꿇고 있던 태준이의 눈에 한줄기 눈물이 흘렀다.

태준이가 집에 돌아왔을 때 집에는 삼촌이 있었다.

"잘 갔다 왔어?"

"삼촌 신문사 안 갔어?"

"응. 오늘 휴가 냈어. 머리가 복잡해서. 제대로 된 기자가 되기 위해서 어떻게 해야 하는지 고민 좀 하느라. 넌 괜찮았어?"

삼촌의 말에 태준이는 어두운 표정으로 소파에 앉았다.

"나, 전학 갈까?"

"버티기 힘들어?"

"그전까지는 학교에서 외톨이인 게 외롭고 싫긴 했어도 괴롭진 않았는데 지금은 공공의 적이 되어 버렸어."

태준이의 말에 삼촌의 눈시울이 붉어졌다

"미안해, 태준아. 네가 그렇게 학교에서 외로웠는지 삼촌은 몰랐어. 진작 알았다면 조금이라도 도울 수 있는 길을 찾아봤을 텐데. 너무 힘들면 아빠한테 말해서 정말 전학이라도 알아봐 줄까?"

삼촌의 젖은 눈을 보며 태준이는 도리질했다.

"아냐. 벌 받겠다고 했으니까 좀 더 견뎌볼게. 내가 쓴 가짜 뉴스에 당한 애들 심정도 이랬을 거 아냐."

"태준이 너, 정말 많이 컸다. 나보다 나아. 그런데 J기자의 뉴스 블로그는 봤어?"

"아니, 아직. 무서워서 사과문 쓴 후로는 컴퓨터도 못 켜 봤어."

"이왕 이겨내기로 한 거, 그것도 확인해 봐야지. 그대로 블로그 없앨 거 아니라면 말이야."

삼촌은 태준이의 어깨를 감싸며 따뜻하게 말했다. 삼촌의 말에 알 수 없는 용기가 생겨났다. 그날 삼촌과 저녁을 먹은 뒤, 태준이는 드디어 컴퓨터를 켰다.

블로그에 들어가자 태준이가 남긴 사과의 글에는 모두 98개의 댓글이 달려있었다. 지금까지 달린 J기자의 뉴스 블로그 댓글 중에 가장 많은 수였다.

'J기자가 아니라 쓰레기 기자였네. 이딴 사과 하나로 그동안의 만행이 묻힐 거 같냐?'
'하여간 개나 소나 기자랍시고 나댈 때부터 알아봤어. 이태준, 5학년 3반 공식 왕따잖아.'
'부끄러운 줄 알아라. 차라리 삼류 소설이나 드라마 작가를 해라. 너 같은 쓰레기를 받아줄 곳이 있을지 모르겠지만.'

댓글을 주욱 읽던 태준이는 마우스에서 손을 뗴었다. 참담한 기분이었다. 백 명이 넘던 구독자 수도 2명밖에 남아 있지 않았다.

잠시 심호흡을 한 후, 태준이는 댓글을 다시 읽어 내려갔다. 다시는 이런 짓을 반복하지 않으리라 마음에 새겨가며 읽던 중, 어떤 댓글 하나에 시선이 멈추었다.

'잘못된 것인 줄 알면서도 기사를 슬그머니 내리기만 했지 수정 기사나 사과 기사조차 없는 어른들의 진짜 뉴스보다는 낫다. 최소한 자신의 잘못에 책임을 지고 있으니. 그리고 기사를 무분별하게 받아들인 독자들에게도 조금의 잘못은 있다. J기자의 뉴스만 보고 무조건적으로 욕하던 사람들 중 피해자에게 진심으로 사과한 사람은 몇이나 될까?'

익명의 아이디로 단 댓글과는 달리 그 댓글에는 장율아 세 글자가 또렷이 박혀 있었다.

율아가 이런 댓글을 남겨주다니. 믿어지지 않았다.

그때 전자쪽지가 왔다는 알림 표시가 보였다. 전자 쪽지함에는 율아가 보낸 쪽지가 들어 있었다.

> 쪽지
>
> '잘못을 인정하고 죗값을 받겠다니 지켜볼게. 이번에는 비겁하게 도망치지 말고, 진실하고 올바른 뉴스를 전하겠다는 네 꿈, 잊지 말길 바란다. 그게 잘못을 뉘우치는 길이니까. 내가 힘들 때, 네가 내 편이 되어 주어서 고마웠어. 비록 병 주고 약 주는 셈이긴 했지만. 너무 힘들 땐 나도 네 편이 한번은 되어 줄게. 잘 버티길 바란다. 율아가.'

태준이의 입가에 미소가 엷게 번졌다. 막막하기만 했던 학교생활이 어쩌면 생각보다는 버틸 만 할 수도 있겠다는 생각이 들었다. 기자가 무엇인지 언론이란 어떤 역할을 하는지 이제야 비로소 알 수 있었다.

제대로 된 기사를 쓰기 전까지는 쉽게 블로그에 뉴스를 올리지 않겠다고 다짐하며 태준이는 컴퓨터를 껐다. 알 수 없는 눈물이 흘러내렸다.

작은 씨앗 큰 나눔 시리즈

마지막이 아니라 누군가의 시작

이미영 글 | 송진욱 그림 | 12,000원

★ 2016 세종도서 문학나눔
★ 사랑의 장기기증 운동본부 추천

생명 나눔의 숭고한 가치를 배워요.
〈마지막이 아니라 누군가의 시작〉은 우리 아이들에게 세상에 있는 가장 아름다운 것, 가장 숭고한 가치를 가장 직접적으로 전해 줄 수 있는 이야기입니다. 누군가에게는 마지막이지만 누군가에게는 새로운 시작이 되는 기적과도 같은 이야기입니다.

괜찮아, 슈가보이

조경희 글 | 임덕란 그림 | 10,000원

★ 2017 세종도서 문학나눔

몸에도 마음에도 푸른 멍이 든 어린이 친구들이 있어요.
이 무겁고 슬픈 이야기를 글로 옮겨 쓰기로 마음먹은 것도 우리 사회가 미처 살피고 돕지 못한 아이들을 위해서입니다. 같은 공동체로서 우리가 한 사람 한 사람 마음을 모은다면 가정 폭력에 희생된 아이들도 없을 것입니다. 상처받고 움츠러든 아이들도 푸른 멍을 지우고 활짝 웃을 날이 있을 것입니다.

작은 씨앗 큰 나눔 시리즈

직업을 파는 상점

조경희 글 | 달과 그림 | 10,000원

좋은 대학만 이야기하는 엄마가 부담스럽고 안정적인 직장을 구하지 못하고 계속 방황하는 아빠가 영재는 불만입니다. 그러던 영재가 어느 날 직업을 파는 이상한 상점에 들어서게 되고, 자신의 미래 직업에 대해 진지하게 고민하게 됩니다.
우리 친구들도 이야기를 읽으며 자신의 꿈과 연결되는 멋진 미래 직업을 함께 고민해 볼 수 있을 것입니다.

유튜브 전쟁

양은진 글 | 류한서 그림 | 11,000원

★ 2020년 경남독서 한마당 선정
★ 2020년 서울특별시 교육청 어린이 도서관 여름방학 권장도서 선정

1인 크리에이터를 꿈꾸는 10대 아이들
초등학생에게 유튜브는 비공식적인 학습 공간이자 다양한 소통을 경험하는 곳이다. 유튜브는 이제 우리 아이들에게 새로운 학교이자 놀이터다.
유튜브와 같은 미디어 활용에는 분명히 장점과 단점이 있다. 미디어의 부정적 영향과 건전한 사용법을 이제는 더욱 적극적으로 가르쳐야 한다. 따라서 저자는 동화를 통해 우리 아이들의 무분별한 미디어 시청과 습관을 바로잡고 비판적 사고를 길러 건강하게 미디어를 즐길 수 있도록 안내하고자 『유튜브 전쟁』을 집필했다.